Oscar Troplowitz
Sozialer Unternehmer und Kunstmäzen

Mit Unterstützung von

Georg W. Claussen

Martha Pulvermacher Stiftung

Beiersdorf AG

BDF ●●●●
Beiersdorf

OSCAR TROPLOWITZ

SOZIALER UNTERNEHMER UND KUNSTMÄZEN

JÜDISCHES MUSEUM RENDSBURG
4. JULI BIS 3. OKTOBER 2010

STIFTUNG SCHLESWIG-HOLSTEINISCHE
LANDESMUSEEN SCHLOSS GOTTORF

Arthur Bock,
Oscar Troplowitz, nach 1918,
Bronze,
neu gestaltet
von Jürgen Block (Fa. Beiersdorf)

INHALT

6 **VORWORT UND DANK**
Jürgen Fitschen

8 **OSCAR TROPLOWITZ –
»EIN UNERREICHBARES VORBILD«**
Ein Gespräch mit Georg W. Claussen
geführt von Christine Claussen

12 **OSCAR TROPLOWITZ –
EIN JÜDISCHER MÄZEN
DER KAISERZEIT**
Christian Walda

22 **DIE ÄRA TROPLOWITZ – UNTERNEHMENSGESCHICHTE
DER FIRMA BEIERSDORF 1890–1918**
Thorsten Finke

36 **OSCAR TROPLOWITZ 1863–1918**
Biografie

42 **KATALOG**

VORWORT UND DANK

Die Ausstellung im Jüdischen Museum Rendsburg stellt mit Oscar Troplowitz einen bedeutenden Hamburger Mäzen vor: In sozialer Fürsorge und Kulturförderung fand Troplowitz seine Handlungsfelder. In seiner Gestalt lässt sich erzählen, welche Rolle Privatleute vor allem in der Kaiserzeit und der Weimarer Republik für die allgemeine Wohlfahrt einnahmen. Als Mäzen trat er in Erscheinung, wie es klassischer nicht sein konnte: Ein ebenso vermögender wie idealistischer, durch den Glauben an Fortschritt und an die segensreichen Einflüsse von Kunst geprägter Mensch wird Geber ausschließlich zum Vorteil anderer Mitmenschen und zum Nutzen eines größeren Ganzen. »Tue Gutes und sprich *nicht* darüber« war – anders als heute im weithin bekannten Sponsoring – der Grundkonsens vieler Zeitgenossen, die förderten.

Übrigens: Dieses Vorhaben wäre selbstverständlich gar nicht zustande gekommen, wenn nicht die Tradition des bürgerschaftlichen Engagements, die durch Oscar Troplowitz und viele seiner Zeitgenossen gestiftet worden ist, bis in unsere Tage fruchtbar fortgelebt hätte und einen ähnlichen Stellenwert beanspruchen dürfte wie vor hundert Jahren. Nichts kann deshalb schöner sein, als aus Anlass dieser Unternehmung selbst all jenen danken zu dürfen, die sie erst mit ihrer mäzenatischen Gabe ermöglicht haben. Man darf sagen: Ganz selten nur verbinden sich bürgerschaftliches Engagement und Gegenstand der Unterstützung zu einem so erstaunlichen Zusammenhang und gegenseitigen Vorteil.

Wir sind Herrn Georg W. Claussen, dem ehemaligen Vorstandsvorsitzenden der Beiersdorf AG, und der Martha Pulvermacher Stiftung, hier vor allem den Vorstandsmitgliedern Joachim Kersten und Christine Claussen, auf das Herzlichste für Ihre finanzielle Förderung und wohlwollende Begleitung von Ausstellung und Publikation verbunden. Die Beiersdorf AG in Hamburg hat uns die Möglichkeit eröffnet, das Vorhaben über die Grenzen Schleswig-Holsteins hinaus bekannt zu machen und ferner Einblick in die Firmenarchive zu nehmen. Namentlich von Thorsten Finke und Friederike von Cossel hat unser Vorhaben sehr profitiert. Wilfried Boysen hat in seiner ihm eigenen bescheidenen Art wesentliche Vermittlungsarbeit geleistet. Auch dafür danken wir herzlich: Ein sehr großes Geschenk ist – von den finanziellen Gesichtspunkten einmal abgesehen – die Begeisterung, die die gemeinsame Befassung und Arbeit an einem solchen Thema auslösen kann!

Dr. Jürgen Fitschen
Direktor des Landesmuseums für Kunst und Kulturgeschichte
Schloss Gottorf

Familienfoto
ca. 1899
(Archiv Beiersdorf AG)

OSCAR TROPLOWITZ – »EIN UNERREICHBARES VORBILD«

Ein Gespräch mit Georg W. Claussen
geführt von Christine Claussen

Du warst noch sehr jung, als Dein Großonkel Oscar Troplowitz starb. Hast Du persönliche Erinnerungen an ihn?	Ich war in seinem Todesjahr knapp sechs Jahre alt. Trotzdem – ich erinnere mich noch an einen Geburtstagsbesuch mit meinen Eltern bei Oscar Troplowitz in der Agnesstraße. Mich hat damals die phantastische Halle beeindruckt, die es da gab, wenn man das Haus betrat. Eine ganz große Halle, in der unglaublich viele Leute waren. Das war für mich hochinteressant. Einmal muss er auch zu Weihnachten mit seiner Frau Gertrud bei uns in Othmarschen gewesen sein. Zu Hause gab es natürlich immer viele Erzählungen über »Onkel Oscar«.
Deine Mutter war seine Nichte.	Ja. Meine Großmutter Sophie Pulvermacher, geborene Troplowitz, und Oscar Troplowitz waren Geschwister. Und eigentlich hat Oscar Troplowitz bei meiner Mutter die Vaterrolle übernommen, nachdem ihr leiblicher Vater sehr früh gestorben war.
Welche Verbindung hatte Dein Vater zu Troplowitz?	Mein Vater Carl Claussen war immer ein sehr beliebter Gast im Hause Troplowitz gewesen. Er sah gut aus, war charmant und ritt oft mit dem Ehepaar aus, Frau Gertrud noch im Damensattel. Anschließend wurde er im Eidelstedter Weg und später in der Agnesstraße zum Essen eingeladen. Da gibt es eine schöne Anekdote: Es sollte Rebhühner geben, und Frau Troplowitz sagte: »Ich kann leider keine Rebhühner vertragen.« Und mein Vater erwiderte: »Ah, Frau Doktor, ich verstehe: Pro Mann ein Vogel.«
Bei Oscar und Gertrud Troplowitz hat Dein Vater auch seine spätere Frau kennengelernt…	Ja. Martha führte nach dem Tod ihres Vaters in Breslau ganz allein den Haushalt, weil ihre Mutter schon seit Jahren kränkelte. Sie war gerade 20 Jahre alt und fuhr, wenn sie konnte, nach Hamburg, um ihre ältere Schwester und ihren Onkel Oscar zu besuchen. Am 2. März 1908 gab es irgendwo ein großes Kostümfest. Da lernten meine Eltern sich kennen. Und gleich am nächsten Tag ging mein Vater in Cutaway und Zylinder zu Dr. Troplowitz und hielt um die Hand seiner Nichte an. Der fragte: »Können Sie denn meine Nichte ernähren? Haben Sie eine Lebensversicherung? Nein? Dann bitte ich Sie doch, eine Lebensversicherung abzuschließen. Ansonsten haben Sie meine Einwilligung.« Mein Vater war damals 29.
Was erzählten Euch die Eltern von Oscar und Gertrud Troplowitz?	Die beiden müssen ein enorm offenes Haus geführt und unglaublich gelebt haben. Es gab dort riesige Bälle und barocke Kostümfeste. Und festliche Diners. Und Abende am Kamin – mit Rotspon und Zigarren. Sie hatten unheimlich viele Gäste, darunter auch immer viele Künstler, und gingen sehr häufig aus. Und sie ritten. Troplowitz hatte seinen Stall zum Teil hinten in der Fabrik. Zwischendurch fuhren sie nach Paris. Oder nach Amerika. Mit riesigen Schrankkoffern, Kasten und Hutkoffern für Frau Troplowitz. Mit einem von diesen schönen Schiffen von der Hapag fuhren sie los.

In Deinen Reden bei großen Veranstaltungen von Beiersdorf versäumst Du fast nie, an Oscar Troplowitz und seine Bedeutung für die Firma zu erinnern.	Das ist mir ein enormes Anliegen! Denn Oscar Troplowitz war und ist die Seele dieser Firma. Dass wir heute immer noch ein so gutes Zusammenwirken und Zusammenleben aller dort haben, das verdanken wir vor allem Oscar Troplowitz und seinen Wohltaten.
Was meinst Du mit Wohltaten?	Zum Beispiel die Troma, die Troplowitz-Mankiewicz-Alters- und Hinterbliebenen-Stiftung, das ist eine phantastische Sache. Die hat Oscar Troplowitz geschaffen. Ihm ist eingefallen, dass er zu seinem 25. Firmenjubiläum 1915 – mitten im Krieg – eine solche Stiftung gründen wollte. Und das bedeutet heute noch eine beachtliche Zubuße zu unserer Pensionskasse, eine Riesenerleichterung für unser Pensionswesen. Anders als andere große Firmen stehen wir heute glänzend da. Wir können nicht nur unsere Pensionen bezahlen, wir können sie sogar erhöhen. Und das mitten in der Finanzkrise! Aber Oscar Troplowitz hat ja noch so viel anderes – und damals Bahnbrechendes – auf den Weg gebracht: die Reduzierung der Wochenarbeitszeit von 60 auf 48 Stunden, bezahlten Urlaub, kostenloses Mittagessen... Das alles gab es ja damals gar nicht.
Du sagst, Oscar Troplowitz sei die Seele von Beiersdorf. Nun liegt sein Tod schon fast 100 Jahre zurück. Wie überträgt sich diese Seele, dieser Geist, oder wie Du es nennen willst, auf die Gegenwart?	Das kann man schwer sagen. Das ist wie bei den Berliner Philharmonikern. Die spielen heute noch wie seinerzeit bei Wilhelm Furtwängler. Es ist derselbe »sound«, obwohl es heute alles ganz junge Leute sind und keiner Furtwängler mehr persönlich kannte.
Wie würdest Du diesen Geist beschreiben?	Ich glaube, es ist das Menschliche, das Philanthropische, das Oscar Troplowitz ganz ausgeprägt besaß. Dass diese Firma einigermaßen ordentlich weiter existiert, dass sie nicht umgekippt ist durch falsche Führung. Mein Vater übernahm sie am 1. Juli 1933 und hat sie geleitet bis 1. Juli 1954. Mein Vater war ein klassischer Kaufmann, er hatte keine Ahnung von irgendwelchen Fabrikgeschichten. Aber er hatte auch das Menschliche, das Oscar Troplowitz gehabt hatte, und ich behaupte, das waren die größten Aktivposten dieser beiden Männer. Und das hatte Dr. Jacobsohn auch, der nach Troplowitz' Tod aus Wien nach Hamburg gerufen wurde. Sie hatten immer etwas übrig für ihre Mitarbeiter. Oscar Troplowitz hat sich während des Ersten Weltkrieges unheimlich für seine Mitarbeiter eingesetzt und ihnen Briefe und Pakete geschickt. Mein Vater ging jeden Tag in die Fabrik und unterhielt sich mit den Leuten. Ganz gleich, ob das ein Meister war oder ein einfacher Arbeiter. Als ich selbst Vorstandsvorsitzender geworden war, bin ich mindestens einmal pro Woche in die Fabrik gegangen. Ich konnte das natürlich

| | nicht so gut wie mein Vater, der fließend Plattdeutsch sprach. Als er 1954 starb, war er offiziell noch Vorsitzender des Vorstandes, da war wirkliche Trauer. |

Glaubst Du, dass heute noch viele bei Beiersdorf etwas mit Oscar Troplowitz verbinden?

Das glaube ich kaum. Es geht eher um die Atmosphäre, die herrscht. Und die ist immer noch geprägt vom Zusammenwirken der gesamten Mannschaft. Solange ich im 3. Stock, der »Chefetage«, saß, hing immer das Troplowitz-Porträt von Franz Nölken in meinem Zimmer.

Was bedeutete Oscar Troplowitz Dir persönlich?

Er war absolut ein Vorbild für mich, ein unerreichbares Vorbild, und hat für den Verlauf meines Lebens eine bedeutsame Rolle gespielt. Ich empfinde es als großes Glück, dass es ihn gab. Er war in vielerlei Hinsicht ein ganz außergewöhnlicher und bedeutender Mann. Er hat immer für seine Firma gesorgt, aber daneben war er noch Abgeordneter in der Hamburger Bürgerschaft und in drei Ausschüssen tätig. Er hat Kunst gesammelt und Künstler unterstützt. Und er war ungemein gebildet.

Oscar Troplowitz hat aus der kleinen Pflasterfabrikation, die er 1890 dem Apotheker Paul Beiersdorf abkaufte, in kürzester Zeit ein international operierendes und florierendes Unternehmen gemacht. Warum hat er den Namen Beiersdorf als Firmennamen beibehalten?

Das weiß ich nicht. Die Mitarbeiter sagten ja damals sowieso, sie arbeiten »bei Troplowitz«. Aber welch ein Glück, dass er damals nicht Troplowitz als Firmennamen genommen hat. Dann hätte man 1933 noch viel mehr Schwierigkeiten gekriegt. Heute weiß keiner mehr, wie es damals war, und das ist auch gut so. Aber es war schlimm, ein Kampf bis auf's Messer. Die Konkurrenten gingen rum und klebten Zettel an die Apotheken, auf denen stand: »Kauft keine Artikel vom jüdischen Beiersdorf!« Der »Fridericus« und der »Stürmer« schrieben: »Kauft keine jüdische Hautcreme!«

Ist Dir später in Deiner eigenen Unternehmerlaufbahn eine ähnlich begabte, weit gespannte und komplexe Persönlichkeit wie Oscar Troplowitz noch einmal begegnet?

Ich glaube, heute ist so eine Persönlichkeit schwer denkbar, es war einfach eine ganz andere Zeit. Heute wäre es gar nicht mehr möglich, dass einer so intensiv in seiner Firma arbeitet und sich zugleich so stark in der Öffentlichkeit engagiert. Bei Troplowitz wurde das aus seinem Inneren heraus geboren. Er wollte sich damit keine Kränze umhängen oder irgendwie renommieren. Er war in der Bürgerschaft linksliberal. Nicht etwa eine rechte Nummer.

Warum eigentlich ist ein so außergewöhnlicher Mensch wie Oscar Troplowitz so wenig bekannt geworden?

Auch das kann ich schwer beantworten. Einerseits liegt es wohl an seiner Bescheidenheit. Er hat nie irgendein Aufhebens von sich gemacht. Dann liegt es sicher auch daran, dass wir Adolf Hitler gekriegt haben. Wie oft habe ich schon gesagt, wie unmöglich ich es finde, dass es immer heißt: Beiersdorf, Beiersdorf, Beiersdorf. Es werden immerfort Beiersdorf-Preise ausgeschrieben. Keiner denkt daran, auch einmal einen Troplowitz-Preis auszusetzen. Warum gibt es keinen Troplowitz-Preis? Er war es schließlich, der die Firma groß gemacht hat. Der **GEIST** dieser Firma, den haben wir von Dr. Oscar Troplowitz.

Georg W. Claussen
(Foto Ulrike Schamoni)

Der 1912 geborene Georg W. Claussen ist der Großneffe von Oscar Troplowitz. Seit 1957 war er über 20 Jahre Vorstandsvorsitzender der Firma Beiersdorf, 1979 wechselte er in den Aufsichtsrat. Heute ist er dessen Ehrenvorsitzender und begleitet mit 98 Jahren nach wie vor die Geschicke der Firma. Seine Tochter Christine Claussen ist Journalistin und hat ihren Vater schon öfter als Zeitzeugen zu unterschiedlichen Themen befragt. Dieses Gespräch führte Christine Claussen mit ihrem Vater eigens für die Ausstellung im Jüdischen Museum Rendsburg.

OSCAR TROPLOWITZ – EIN JÜDISCHER MÄZEN DER KAISERZEIT

Christian Walda

JÜDISCHE UND JÜDISCHSTÄMMIGE STIFTER Die wilhelminische Kaiserzeit erlebte eine Blüte bürgerlichen Stiftungswesens. Sie ist eine Epoche, in der noch vor allem Familien und Einzelpersonen großen Unternehmen vorstanden und die persönliche Leidenschaft an Wissenschaft und Kultur reiche Menschen dazu bewog, in Abgrenzung zum heutigen Sponsoring – das nie etwas anderes sein kann als eine andere Form von Werbung – Gutes für die Kulturbildung und die soziale Wohlfahrt der Allgemeinheit zu tun. Es fällt auf, dass sich auf diesem Gebiet eine Minderheit in Deutschland besonders hervorgetan hat: jüdische und jüdischstämmige Bürger. Lange Zeit ist dieser Tatbestand vergessen gewesen, aber seit den neunziger Jahren des 20. Jahrhunderts hat sich die Forschung verstärkt diesem kulturgeschichtlich einzigartigen Phänomen zugewandt.[1]

Mäzenatentum verstand sich bei den jüdischen[2] Geldgebern fast immer umfassend und schloss neben der Förderung von Wissenschaft und Kultur auch das Sozialwesen ein. Der heute vielleicht bekannteste Mäzen dieser Art war James Simon, ohne den die Berliner Museen heute sehr viel ärmer wären.[3] Wie bei zahllosen anderen jüdischen Stiftern erstreckte sich sein Mäzenatentum gleichfalls auf Sozialeinrichtungen, angefangen im eigenen Unternehmen wie fortgeführt in der Unterstützung der Armen. Ähnlich Troplowitz widmete sich Simon – der klassische Philologie hatte studieren wollen, aber dann ins väterliche Baumwollgeschäft einstieg – den Künsten und den Wissenschaften im Privaten, als Ausgleich zum Broterwerb gewissermaßen. Gegenüber der Förderung von Kunst und Wissenschaft hatte seine soziale Wohltätigkeit aber oberste Priorität, wenn sie auch leichter in Vergessenheit geraten konnte als die berühmten und bis heute spürbaren Kunstschenkungen.[4]

Auch in anderen Großstädten waren solche Großspender zu finden wie die Arnholds[5] in Dresden oder die Rothschilds[6] in Frankfurt. Damit haben wir aber nur die Galionsfiguren vor uns. Es lässt sich feststellen, dass auf allen Gebieten und in allen Städten der Kaiserzeit und der Weimarer Republik jüdische und jüdischstämmige Familien einen weit überproportionalen Anteil am privaten Stiftungsaufkommen für das Allgemeinwohl zu verantworten hatten.

Die Großzügigkeit jüdischer Mäzene hat selbstverständlich ihre Gründe – die Betonung muss auf der Pluralform liegen: In allen Fällen treffen wir auf ganze Motivbündel. Einzelne Erklärungsversuche würden das komplexe Gefüge der zudem stark individuellen Beweggründe verfehlen.[7] Kursorisch seien an dieser Stelle einige Motive genannt, die sich in folgende drei Gruppen zusammenfassen lassen: allgemein-bürgerliche, aus der gesellschaftlichen Situation der Juden erklärbare und jüdisch-traditionelle Beweggründe.

ERSTENS. Zunächst einmal unterschieden sich jüdische und nichtjüdische Großbürger nicht sonderlich in ihrem Anspruch, sich in Zeiten rudimentärer staatlicher

Fürsorge für das Allgemeinwohl ihrer Stadt mitverantwortlich zu fühlen.[8] Die gesellschaftliche Selbstbehauptung war ein wichtiger Antrieb für alle Aufsteiger und diejenigen, die zur Elite gehören und sich dort bleibend etablieren wollten. Das nachwirkende Bildungsideal Goethes, Schillers und Humboldts bewegte alle zur Förderung einer zivilen Gesellschaft.[9] Manchmal waren auch die patriotische Gesinnung und die Nähe zum Kaiser eine wichtige Triebkraft, die private Mäzene zum Stiften anregte, um Museen für ein glanzvolles Selbstbild Deutschlands aufzubauen.[10]

ZWEITENS. Daneben gab es für jüdische und jüdischstämmige Bürger in Zeiten einer starken Assimilierung aber noch spezifische Motive. Nach wie vor kann man für diese Zeit noch nicht von staatsbürgerlicher Gleichstellung sprechen. Wenn nun ein wichtiges Ideal deutscher Großbürger ein großzügiges Engagement fürs Allgemeinwohl war, so haben sicher viele Juden mit ihrer Wohltätigkeit ebenfalls beweisen wollen, wie sehr sie diesem deutschen Ideal entsprachen. Damit handelte es sich um einen Versuch der Integration und Demonstration kultureller Zugehörigkeit. Dass eine weitere Komponente – die Überkompensation antijüdischer Vorurteile wie des Geld raffenden jüdischen Bankiers und Großunternehmers – ins Leere laufen musste, zeigte sich allerdings schnell: James Simon beispielsweise hat mit seinen großzügigen Schenkungen zum Aufbau der Berliner Museen nur den Argwohn der Antisemiten erregt, die ihm vorwarfen, er wolle sich beim Kaiser beliebt machen, um dessen Macht für seine (selbstredend geschäftlichen) Zwecke auszunutzen.

DRITTENS. Es gibt aber noch einen dritten Motivstrang. Wir treffen nämlich auf die alte jüdische religiöse Tradition der Verpflichtung zur Wohltätigkeit, auf die sogenannte Zedaka. Ein wohlhabender Jude kommt einer Mizwa (hebr. Pflicht) nach, wenn er einem Bedürftigen von seinen Mitteln abgibt. Diese Mizwa ist so wichtig, dass in bestimmten Fällen der Begünstigte nicht einmal seinen Dank aussprechen müsste, da er ja dem Reichen bei der Erfüllung seiner Mizwot behilflich ist. Für den Aspekt der Zedaka ist zu bedenken, dass sie mit allgemeiner bürgerlicher Stiftung und Philanthropie nicht deckungsgleich ist. Rachel Heuberger weist auf den Unterschied hin, dass die Zedaka eine *allgemeine* Pflicht zur Wohltätigkeit sei, während die Philanthropie mehr auf dem *individuellen* Ermessen des einzelnen Geldgebers beruhe.[11] Aus dieser Tradition ist das im engeren Sinne nicht mehr religiös, sondern gesellschaftlich aus der Ausgrenzung zu verstehende Vereinswesen kleinerer und später auch größerer jüdischer Gemeinschaften entstanden: ein ganzes Sozialgeflecht gegenseitiger Unterstützung mit Kinderheimen, Krankenhäusern und ähnlichen Einrichtungen. Diese Traditionen wirkten auch in der Gründerzeit weiter, und die soziale Wohltätigkeit jüdischer Familien konnte nahtlos auf diesem Privatsozialwesen und ihrem lebendigem Ideal aufbauen.

Für die Breslauer Sphäre (in der ja auch Troplowitz aufgewachsen ist) formuliert Marius Winzeler die Verknüpfung der ursprünglich religiösen Praxis mit der regen Vereinswohlfahrt, die ihrerseits als Ausgangspunkt für allgemeineres jüdisches Mäzenatentum anzusehen ist: »Entsprechend dem Verständnis, dass es sowohl religiöse wie moralische Pflicht jedes vermögenden Juden ist, anderen zu helfen und einen Teil seiner Einkünfte karitativen Zwecken zur Verfügung zu stellen, entwickelte sich mit dem rasanten Aufschwung jüdischer Handelshäuser ein umfassendes System öffentlicher Wohltätigkeit.«[12]

Wenn also reiche jüdische Familien stifteten, so taten sie dies einerseits aus den Motiven heraus, aus denen dies auch nichtjüdische Großbürger getan haben: wegen der bürgerlichen Verpflichtung auf das Allgemeinwohl, aus patriotischen Gefühlen und aus dem Wunsch nach kultureller Teilhabe, gesellschaftlichem Aufstieg und sozialer Anerkennung in einer höheren Gesellschaftsschicht (und seit der Gründerzeit gab es viele Aufsteiger, nicht nur jüdische). Andererseits grundierten die Herkunftstradition und das jüdische Vereinsleben das Handeln der jüdischstämmigen Bürger in sehr spezifischer Weise, zum Beispiel indem das jüdische Vereins- und Wohlfahrtswesen die alte religiöse Praxis in weiten Teilen abgelöst hatten und ihrerseits nach und nach in die bürgerliche Wohlfahrt auch für nichtjüdische Bedürftige übergingen.[13]

Dass im Stiftungswesen die Möglichkeit gesehen wurde, als Minderheit gesellschaftliche Anerkennung zu finden, sollte ebenso förderlich gewesen sein wie die Hoffnung, dass Bildung Vorurteile bekämpfen[14] könnte. An einem funktionierenden Gesellschaftssystem und einem friedlichen Miteinander, das durch kulturellen Austausch gestützt wird, sind tendenziell diskriminierte Minderheiten sicher noch mehr interessiert als Abkömmlinge der seit Generationen anerkannten nichtjüdischen Großbürgerfamilien.

OSCAR TROPLOWITZ ALS HERAUSRAGENDER HANSEATISCHER MÄZEN Oscar Troplowitz war ein kunstsinniger und kultureller Mensch.[15] Der im oberschlesischen Gleiwitz geborene Sohn eines Maurermeisters hatte Architektur studieren wollen, musste seine schulische Laufbahn auf dem Gymnasium aber vorzeitig mit der Realschulreife beenden, um – wohl auf Drängen seines Vaters – 1878 eine Apotheker-Lehre in Breslau anzutreten. Nachdem er nach seiner Ausbildung auch in der Apotheke seines Onkels in Posen gearbeitet hatte, studierte er bis 1886 Pharmazie in Breslau. Diese Qualifikation reichte ihm aber offensichtlich nicht aus, denn nach seinem Breslauer Studium holte er sein Abitur nach und ging nach Heidelberg, wo er zwei Jahre später zum Dr. phil. und Magister der freien Künste promoviert wurde.

Der mit fünfundfünfzig Jahren jungverstorbene Unternehmer hatte nach Konsolidierung seines Unternehmens nur noch ein Jahrzehnt Zeit, sich der Kunst und

1 Verzeichnis der Vereine, denen Troplowitz angehörte (Archiv Beiersdorf AG)

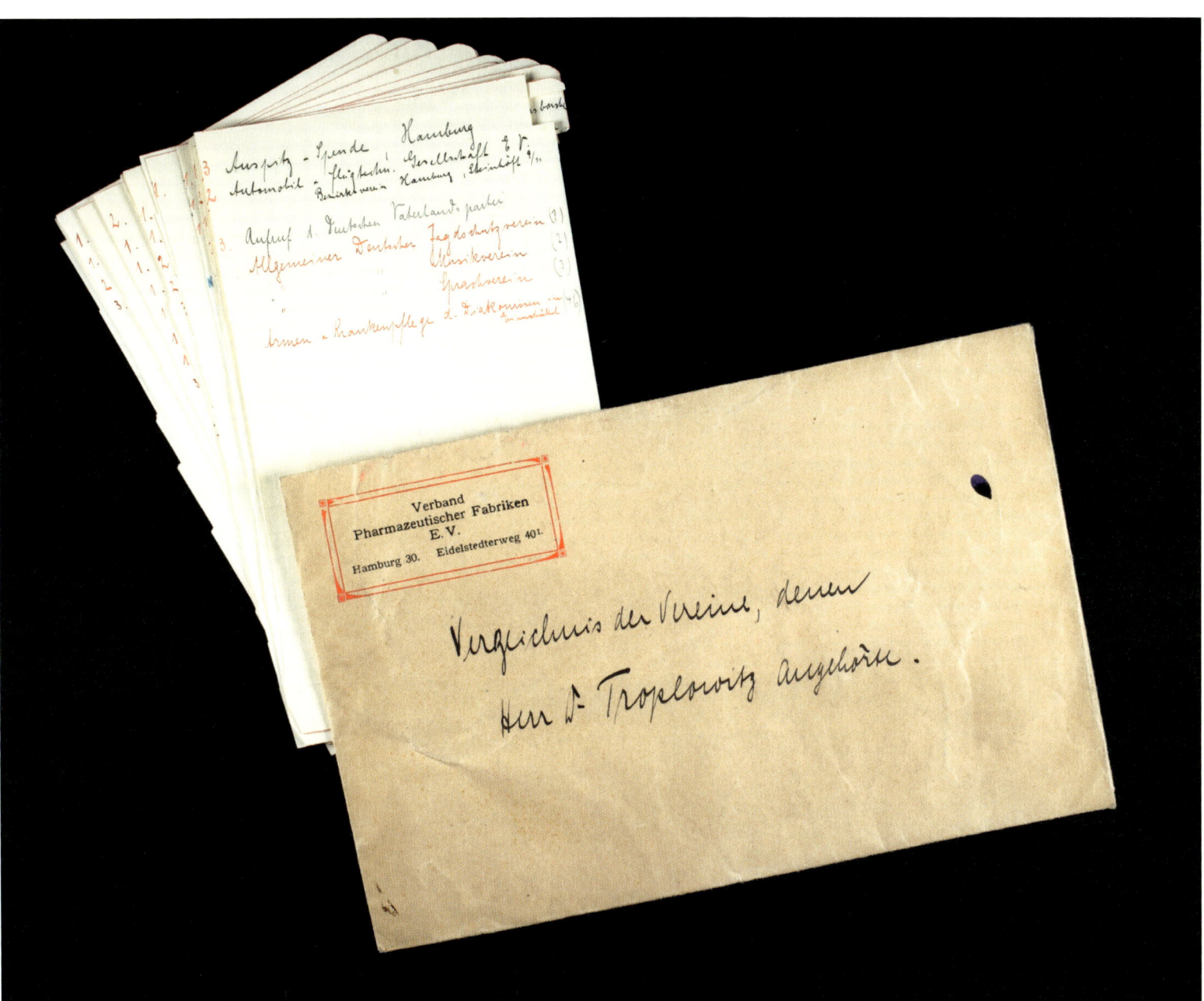

Förderung von Künstlern zuzuwenden. Das Ergebnis ist angesichts dieses kurzen Zeitrahmens erstaunlich, befanden sich nach seinem Tod in seiner Villa doch rund neunzig Kunstwerke und noch einmal so viele auf seinem Gut am Westensee. Viele dieser Werke waren testamentarisch für die Hamburger Kunsthalle bestimmt. Er begann sein am Allgemeinwohl orientiertes Wirken zunächst allerdings in seiner eigenen Firma, und zwar als Pionier auf sozialem Gebiet.

Troplowitz hatte das Unternehmen von Paul Carl Beiersdorf 1890 übernommen. Gleich nach Festigung seiner Finanzen ging er dazu über, soziale Sicherungselemente für seine Mitarbeiter einzubauen, die für Hamburg eine Neuheit waren. Von 1892 an reduzierte er bis 1912 die Arbeitszeit seiner Angestellten kontinuierlich von 60 auf 56, 52 und 48 Stunden in der Woche – bei vollem Lohnausgleich.

1897 war das Jahr der wesentlichsten Sozialverbesserungen, errichtete Troplowitz doch eine Unterstützungskasse für Einkommensausfälle, die für die Angestellten durch Krankheit und Geburt eines Kindes sowie für die Angehörigen durch den Tod des Mitarbeiters verursacht wurden. Daneben wurde ein bezahlter Urlaub gewährt und eine Stillstube eingerichtet: In der damaligen Zeit wurde Frauen gekündigt, sobald eine Schwangerschaft festgestellt worden war; Troplowitz hielt an seinen weiblichen Angestellten fest und ermöglichte ihnen durch diese frühe Art Kita, nach der Geburt zügig ins Unternehmen zurückzukehren.

1906 installierte das Unternehmen eine Sparkasse, um den Angestellten eine zinsgünstige Geldanlage zu ermöglichen und für das Alter vorzusorgen. Höhepunkt der Altersabsicherung war 1916 die Implementierung der Pensionskasse Troma, die bis heute existiert und den Angestellten zugute kommt.

Die Motive von Troplowitz für diese Sozialerrungenschaften waren in erster Linie seine Menschlichkeit und Fürsorge gegenüber seinen Angestellten. Gleichzeitig sorgte er mit seinen Wohltaten aber auch dafür, dass die Mitarbeiter zufriedener und zuverlässiger waren und loyal zum Unternehmen standen. Das kostenlose Mittagessen führte überdies dazu, dass keine allzu lange Produktionspause wie in anderen Unternehmen entstand, weil die Angestellten zum Essen nach Hause hätten gehen müssen.

Nachdem Troplowitz sein Unternehmen aufgebaut und etwas mehr Zeit zur Verfügung hatte, ließ er sich für die ehrenamtliche Arbeit in die Bürgerschaft und in den Jahren danach in mehrere Deputationen wählen. Mitglied der Bürgerschaft war er von seiner Wahl 1904 an bis 1910. 1905 wurde er zum Mitglied der Baudeputation gewählt, das er bis zu seinem Tod geblieben ist. 1910 bis 1916 war Troplowitz zudem für die Oberschulbehörde tätig und ab 1916 für die Finanzdeputation.

In diesen Ausschüssen engagierte er sich für die Verbesserung der Volksschulen, setzte sich für sicherere Verkehrswege (wie Verkehrsinseln), öffentliche Bedürfnisanstalten und Vermehrung der Grünanlagen ein. Sein Augenmerk in der

2 Villa Troplowitz an der
Hamburger Außenalster

Deputation galt aber auch der sozialen Lage der städtischen Angestellten, die er ähnlich abgesichert wissen wollte wie seine eigenen Mitarbeiter. Es war ihm ein Herzensanliegen, die Lebensqualität der »Freien- und Abrißstadt Hamburg« (Alfred Lichtwark) durch schöne Anlagen, Sicherheit und Bildung zu erhöhen. Er war denn auch einer der wenigen Befürworter der Berufung Fritz Schumachers zum Leiter des Hochbauamtes (1909), der das Gesicht der Stadt bis heute prägen sollte.[16]

Unter anderem Troplowitz ist auch die Errichtung des Stadtparks zu verdanken, dessen Gelingen er damit flankierte, dass er gleich nach dem positiven Beschluss der Bürgerschaft zu dieser Anlage (1910) die Skulpturengruppe *Diana mit Hunden* beim Bildhauer Arthur Bock in Auftrag gab, um diese der Stadt für den Park zu schenken. Die Förderung der kommunalen Angelegenheiten betrieb Troplowitz öfter durch sein ehrenamtliches Wirken wie durch privaten Geldfluss gleichermaßen.

Für dieses bürgerschaftliche Engagement hat Troplowitz außerordentlich viel Zeit geopfert. Ekkehard Kaum schätzt, dass der vielbeschäftigte Unternehmer, der eine international operierende Firma zu lenken hatte, ganze zwei Tage in der Woche dieser kommunalpolitischen Aufgabe gewidmet haben musste.[17] Der Autor erklärt dies unter anderem mit Troplowitz' starkem Interesse an Architektur, die er ursprünglich ja einmal hatte studieren wollen. Ein im Beiersdorfer Archiv befindliches Heftchen von Troplowitz listet dessen unzählige Mitgliedschaften in gemeinnützigen Vereinen auf und belegt sein generelles ehrenamtliches Engagement.

Erst in seinem letzten Jahrzehnt wandte Troplowitz sich verstärkt der bildenden Kunst zu. Bereits sein Haus in der Agnesstraße ließ er 1909 modern bauen: Nicht mehr den Gesetzen des Jugendstils gehorchend, entwarf der Architekt William Müller eine Villa mit schlicht verputzter Fassade.[18] In seinem neuen Heim gaben sich Intellektuelle, Künstler und Kulturschaffende die Klinke in die Hand. So umgab sich Troplowitz mit den Schülern des Malers Arthur Siebelist, deren Werke er sammelte, die er mit der künstlerischen Ausgestaltung des Hauses und des Gartens beauftragte und die er auch direkt finanziell unterstützte, zum Beispiel Friedrich Ahlers-Hestermann, Franz Nölken, Fritz Friedrichs und Walter Voltmer.

Der Kontakt mit Ahlers-Hestermann entstand auf Troplowitz' Reise nach Paris 1909, wo er sich von dem jungen Maler beim Kunstankauf beraten ließ.[19] Das eigentliche Vorhaben des Ehepaars Troplowitz war es, Kunst des 18. Jahrhunderts zur Dekoration der neuen Villa in der Agnesstraße zu kaufen, und Ahlers-Hestermann sollte sie ein wenig durch die Galerieszene von Paris führen.

Der Maler war im Grunde misstrauisch, wie er einem schnell zu Reichtum gekommenen Industriellen Kunst nahe bringen könne, doch Troplowitz' »frische

3 Otto Hanns Mankiewicz
(Archiv Beiersdorf AG)

Empfänglichkeit«[20] überraschte ihn. Da beide nichts Ansprechendes fanden, schlug Ahlers-Hestermann Troplowitz vor, nichts Dekoratives, sondern neuere Kunst zu erwerben, und Troplowitz forderte ihn auf, ihm diese Werke zu zeigen. Ahlers-Hestermann sei von Troplowitz verblüfft gewesen, »denn – was so selten ist – mit dem unerwarteten Wachstum seines Vermögens war bei ihm gleichzeitig das Gefühl der kulturellen Verantwortung gewachsen, das Gefühl, wirklich das Beste, das Vorbildliche besitzen zu müssen«.[21]

So kam es, dass Troplowitz durch die Vermittlung von Ahlers-Hestermann nach und nach eine gewichtige Sammlung impressionistischer und moderner Kunst aufbaute, ja Troplowitz kaufte mit der *Absinthtrinkerin* (1902) überhaupt als einer der ersten deutschen Privatsammler ein Werk von Pablo Picasso.[22] Daneben erwarb er Werke von Camille Corot, Auguste Renoir, Max Liebermann und Max Slevogt. Aber auch der jungen Generation der Siebelist-Schüler blieb er den Rest seines Lebens als fördernder Käufer zugetan.

Die oben allgemein für die jüdischstämmigen Mäzene zusammengefassten Motive treffen mehr oder weniger auch auf Troplowitz zu. Als Großbürger fühlte er sich *erstens* dem Allgemeinwohl verpflichtet. Das aufklärerische Bildungsideal wurde in Hamburg zusätzlich durch die vorherrschende Reformdiskussion angetrieben. Das Museum für Kunst und Gewerbe wurde 1877 eröffnet, und die Kunsthalle hatte – wenn auch schon 1869 gegründet – mit Alfred Lichtwark erst 1886 den ersten Direktor. 1896 wurde die Kunstgewerbeschule eingerichtet; dennoch mussten junge Talente noch viele Jahre in andere Städte wegziehen, um an eine Akademie gehen zu können. Die Großstadt hatte auf kulturellem Gebiet erstaunlich wenig zu bieten.

Hamburg, das um 1900 kulturell damit immer noch als Provinz galt, steckte im Aufbruch, der durch und durch erzieherisch zu verstehen war. Mit Lichtwark und Justus Brinckmann gab es um die Jahrhundertwende allerdings zwei vehemente Vertreter in der Hansestadt, die es als ihre Aufgabe sahen, mit ihren Museen Kulturbildung zu betreiben: Erziehung der Bürger durch Kultur.[23] Vor allem bei Lichtwark kann man so etwas wie hanseatischen Patriotismus entdecken: Er trieb seinerzeit die jungen Künstler des Hamburgischen Künstlerclubs an, wie die Impressionisten Landschaft zu malen – aber bitteschön Hamburger Motive. Er sah die Chance, endlich mit der Hansestadt einen Ort für Künstler zu schaffen, die bisher wegen der besseren Bedingungen nach Berlin, München und Paris flohen.[24]

Künstler waren zu Troplowitz' Zeit auf private Unterstützung angewiesen, und der Industrielle war ein solcher Förderer, der aus dem eigenen Geschmack und wegen seiner umfangreichen Bildung Unterstützung gewährte. Er umgab sich mit den Schülern von Siebelist und damit der zweiten Generation des Künstlerclubs, mit der nicht einmal mehr Lichtwark recht etwas anfangen konnte. Er förderte aber mit den Künstlern auch ein besseres Klima für Kunst im Allgemeinen und entsprach ganz den Mäzenen anderer Städte.

Troplowitz mag *zweitens* als osteuropäischer Jude Anpassung an das bürgerliche Leben gesucht haben. Es mochte Bescheidenheit gewesen sein, dass er beim Kauf der Firma den Namen Beiersdorf belassen hat, außerdem war dieser bereits bestens eingeführt. Möglicherweise klang der Name aber auch weniger jüdisch (siehe die Aussage von Georg W. Claussen in diesem Katalog). Ganz sicher versuchte er jedoch mit seinen kulturellen Förderungen und seinem ehrenamtlichen Engagement in der Hamburgischen Bürgerschaft dem Ideal des hanseatischen Großbürgertums zu entsprechen und sich einzupassen.

Die alte jüdische Tradition stand *drittens* offenkundig ebenfalls bei Troplowitz' Wohltaten Pate. Wie wir wissen, hat man sich auch in der Familie Troplowitz-Mankiewicz ständig ausgeholfen. Troplowitz konnte sich eine enorme Summe bei seinem Onkel leihen, um das Unternehmen zu kaufen. Dieser wiederum bat später seinen Neffen, doch seinen Sohn Otto Hanns Mankiewicz, den er auf gesellschaftlich krummen Wegen sah, in die Firma einzubinden, damit dieser Verantwortung lerne. Dem hat Troplowitz bei allen Risiken entsprochen und hat es zudem vermocht, seinen Schwager, der sein Doppelleben in der Boheme freilich nicht aufgab, in die Gesellschaft zu integrieren.

Was immer auch die einzelnen Motive für seine Großzügigkeit gewesen sein mochten, Oscar Troplowitz hat mit seiner menschlichen Haltung die höchsten Ansprüche an einen gemeinwohlorientierten, aufgeklärten und gebildeten Menschen erfüllt und damit gezeigt, was es bedeutet, sich voll für seine Mitbürger einzubringen.

Christian Walda ist Leiter des Jüdischen Museums Rendsburg.

ANMERKUNGEN

1 Peter Paret: »Bemerkungen zu dem Thema: Jüdische Kunstsammler, Stifter und Kunsthändler«, in: Ekkehard Mai und ders. (Hg.): *Mäzene, Sammler und Museen. Kunstförderung in Deutschland im 19. und 20. Jahrhundert*, Köln und Wien 1993, S. 173-185; Cella-Margaretha Girardet: *Jüdische Mäzene für die Preußischen Museen zu Berlin. Eine Studie zum Mäzenatentum im Deutschen Kaiserreich und in der Weimarer Republik* (Bd. 3 v. Monographien zur Wissenschaft des Judentums, hg. v. Walter Homolka, Jonathan Magonet und Esther Seidel), Egelsbach 1997; Elisabeth Kraus: »Jüdisches Mäzenatentum im Kaiserreich: Befunde – Motive – Hypothesen«, in: Jürgen Kocka und Manuel Frey (Hg.): *Bürgerkultur und Mäzenatentum im 19. Jahrhundert*, Berlin 1998; Simone Lässig: »Juden und Mäzenatentum in Deutschland. Religiöses Ethos, kompensierendes Minderheitsverhalten oder genuine Bürgerlichkeit?«, in: *Zeitschrift für Geschichtswissenschaft* 46/1998, S. 211-236; Rainer Liedtke: »Zur mäzenatischen Praxis und zum kulturellen Selbstverständnis der jüdischen Wirtschaftselite in Deutschland: Die Hamburger Warburgs im ersten Drittel des 20. Jahrhunderts«, in: Dieter Ziegler (Hg.): *Großbürger und Unternehmer*, Göttingen 2000, S. 187-203; Hans-Otto Schembs: *Jüdische Mäzene und Stifter in Frankfurt am Main*, Frankfurt/M. 2007; *Sammeln. Stiften. Fördern. Jüdische Mäzene in der deutschen Gesellschaft*, hg. v. d. Koordinierungsstelle für Kulturgutverluste Magdeburg (Bd. 6 v. *Veröffentlichungen der Koordinierungsstelle für Kulturgutverluste*), Magdeburg 2008.

2 Nicht alle Stifter waren Juden, vielmehr waren einige zum Christentum konvertiert. Dass auch vom Judentum übergetretene Geldgeber hier einbezogen werden, liegt an der Tatsache, dass sie zum einen von der Gesellschaft nach wie vor als Juden gesehen wurden und sie zum anderen durch die jüdische Tradition, in der sie aufgewachsen waren, stark geprägt waren (zur Begriffsproblematik siehe eingehend Paret 1993 [wie Anm. 1], S. 173-175). Oscar Troplowitz ist erst nach 1910 zur lutherischen Kirche konvertiert (für diese Information danke ich Jürgen Sielemann vom Staatsarchiv Hamburg).

3 Den besten Eindruck seines großzügigen Wirkens verschafft der Bildband Bernd Schultz (Hg.): *James Simon. Philantrop und Kunstmäzen*, München u. a. ²2007.

4 Olaf Matthes: »James Simon – ein außergewöhnlicher Mäzen«, in: *Sammeln. Stiften. Fördern* 2008 (wie Anm. 1), S. 53-69, hier S. 56-59. Der Autor gibt für die neunziger Jahre des 19. Jahrhunderts an, dass Simon 30-40% für soziale sowie 15-20% für wissenschaftliche Zwecke und nur etwa 10% seines Jahreseinkommens für Kunst ausgab (ebd., S. 59). Simons vielleicht bekannteste Schenkung war die Nofretete, die heute eine der wichtigsten Ikonen der Berliner Museen überhaupt darstellt.

5 Lässig 1998 (wie Anm. 1).

6 Rachel Heuberger: »Die Familie Rothschild in Frankfurt am Main als Mäzene par excellence – Das Beispiel zweier unterschiedlicher Bibliothekstypen«, in: *Sammeln. Stiften. Fördern* 2008 (wie Anm. 1), S. 197-217.

7 Nach den Motiven fragen fast alle Autoren, die sich mit dem Mäzenatentum jüdischer und jüdischstämmiger Deutscher beschäftigen; siehe besonders Annette Weber: »Zwischen Altruismus und Akzeptanz – Sammeln als Inbegriff bürgerlicher Selbstverwirklichung«, in: *Sammeln. Stiften. Fördern* 2008 (wie Anm. 1), S. 27-48, die die älteren Autoren einbezieht.

8 Liedtke 2000 (wie Anm. 1), S. 200–201.

9 Weber 2008 (wie Anm. 7), S. 31.

10 Ebd., S. 35.

11 Heuberger 2008 (wie Anm. 6), S. 197. Heuberger macht ebenfalls deutlich, wie sich das jüdische Stiftungswesen aus der vereinsorganisierten Wohltätigkeit mit Beginn der Emanzipation seit Ende des 18. Jahrhunderts auch für nichtjüdische Bedürftige und in Richtung Kulturförderung öffnete (ebd., S. 199–200).

12 Marius Winzeler: »Jüdische Sammler und Mäzene in Breslau – von der Donation zur ›Verwertung‹ ihres Kunstbesitzes«, in: *Sammeln. Stiften. Fördern* 2008 (wie Anm. 1), S. 131–153, Zitat S. 136.

13 Liedtke 2000 (wie Anm. 1), S. 189–191.

14 Auf diesen Aspekt macht Heuberger 2008 (wie Anm. 6), S. 200–201, aufmerksam: Die Gründung der Frankfurter Universität 1914 und vieler anderer Bildungsinstitutionen unterlag klar diesem aufklärerischen Bildungsideal der jüdischen Stifter in Frankfurt.

15 Die wichtigste Quelle zum Wirken und Leben von Troplowitz ist nach wie vor Ekkehard Kaum: *Oscar Troplowitz. Forscher. Unternehmer. Bürger*, Norderstedt 1982. In dieser Publikation des ehemaligen Archivleiters der Firma Beiersdorf sind die wichtigsten Dokumente, die in dem Unternehmen über Troplowitz verwahrt werden, zusammengefasst und im Text dargestellt.

16 Schumacher und Troplowitz befreundeten sich in der Folge. Jener betonte später: »Dr. Troplowitz dagegen, eine vorwiegend künstlerisch empfindende Natur, fand seine Freude in einem stillen Mäzenatentum und in einer feingeistigen Geselligkeit.« Fritz Schumacher: *Stufen des Lebens. Erinnerungen eines Baumeisters*, Stuttgart 1949, S. 422.

17 Kaum 1982 (wie Anm. 15), S. 106.

18 »Erbaut 1908 [sic] für Dr. Oscar Troplowitz, einen bedeutenden Fabrikanten und in den Selbstverwaltungsorganen Hamburgs (u. a. Baudeputation) hervorragend beteiligten Bürger, nach den Entwürfen des Berliner Architekten und Messel-Schülers William Müller. Entscheidend für die Hinwendung Hamburgs zur Reformarchitektur (Abwendung vom Jugendstil) schon vor Schumacher. Einmalig in der Übertragung der »modernen« Architektur Berlins nach Hamburg (Muschelkalk und Rauhputz statt der in Hamburg bevorzugten Backsteinbauweise). [Abs.] Städtebaulich als Blickpunkt der Außenalster konzipiert, im einzelnen höchst qualitätvoll durchgebildete großbürgerliche Villa.« Schrift des Denkmalschutzamtes (S. 8) in einem Brief an die Firma Beiersdorf vom 11.4.1980.

19 Ahlers-Hestermann war ein Freund des Schriftstellers Franz Hessel, des Vetters von Gertrud Troplowitz, der den Kontakt vermittelt hatte (Christine Claussen: »›Es gibt auch unter den Lebenden Meister …‹. Der Unternehmer Oscar Troplowitz auf dem Weg in die Moderne«, in: *Picasso, Beckmann, Nolde und die Moderne. Meisterwerke aus frühen Privatsammlungen in Hamburg in der Hamburger Kunsthalle* [Katalog Hamburger Kunsthalle], Hamburg 2001, S. 58–61, hier S. 60).

20 Friedrich Ahlers-Hestermann: *Pause vor dem dritten Akt*, Hamburg 1949, S. 186. Ihm seien, so Ahlers-Hestermann, reiche Leute auf der Jagd nach dieser alten Kunst im Grunde gräulich, »aber kaum war ich eine Weile mit Dr. Troplowitz durch Galerien und Läden gewandert (seine Gattin, sehr üppig und mit Herrscherinnenallüren, war währenddessen zur Pflege ihres Lockenaufbaus beim Coiffeur), da hatte sich mein Herz schon diesem Mann zugewandt« (ebd.).

21 Ebd., S. 187.

22 Aus dem Vermächtnis der zwei Dutzend Werke an die Hamburger Kunsthalle ist dieses Gemälde das einzige, das von den Nazis weggeschafft wurde. Heute hängt es im Kunstmuseum Bern.

23 Volker Plagemann: *Kunstgeschichte der Stadt Hamburg*, Hamburg 1995, S. 307–308.

24 Carsten Meyer-Tönnesmann: *Der Hamburgische Künstlerclub*, Hamburg 1985.

DIE ÄRA TROPLOWITZ – UNTERNEHMENSGESCHICHTE DER FIRMA BEIERSDORF 1890–1918

Thorsten Finke

1. ÜBERNAHME DES LABORATORIUMS Als Oscar Troplowitz im Frühjahr 1890 den Entschluss fasste, sich mit einem eigenen Geschäft selbständig zu machen, fiel ihm das Unternehmen von Paul Carl Beiersdorf in Altona auf. Beiersdorf verkaufte sein gut eingeführtes Laboratorium dermotherapeutischer Präparate aus persönlichen Gründen. Kern seines Unternehmens waren Herstellung und Verkauf von gestrichenen Guttaperchapflastern, die mit jeglicher Art von Wirkstoffen angereichert werden konnten und somit für dermatologische Behandlungen bestens geeignet waren.
Als gelernter Apotheker erkannte Troplowitz schnell das Potenzial, das in dieser neuen, durch ein Patent geschützten Technologie steckte. Nach längeren Briefwechseln mit Beiersdorf und einigen Besuchen in Altona übernahm Troplowitz das Unternehmen schließlich als Alleininhaber im Oktober 1890.
Eigentlich war ein Sozietätsverhältnis bis Mitte des Jahres 1891 mit Beiersdorf geplant gewesen, doch die Zusammenarbeit gestaltete sich für beide Seiten schwierig. Beiersdorf, der doppelt so alt war wie der 27jährige Troplowitz, hatte eigene Vorstellungen bezüglich Verkauf und Werbung für seine Produkte. Dies wurde bereits in den Briefwechseln im Vorfeld des Verkaufs deutlich.
Auf die Frage nach den Ausgaben für Reklame reagierte Beiersdorf brüskiert: »Ein Reklamekonto habe ich nicht und kenne ich nicht. […] Meine kostenlose Reklame sind die wissenschaftlichen Arbeiten der Dermatologen über meine Präparate. Jeder andere Fabrikant würde derartige Laborate auszubeuten wissen, ich bin nicht für Reklame. […] Ob meine Präparate und wann überflügelt werden, daran habe ich noch nicht gedacht.«[1]
Nach wenigen Tagen der Zusammenarbeit wurde Troplowitz klar, dass eine längerfristige gemeinsame Führung des Unternehmens nicht erfolgreich sein konnte. Mit der Hilfe seines Onkels Gustav Mankiewicz zahlte er Beiersdorf bereits im Oktober 1890 aus und war zu diesem Zeitpunkt alleiniger Inhaber. Aufgrund der Bekanntheit des Unternehmens entschloss sich Troplowitz, den Namen Beiersdorf beizubehalten und begnügte sich mit dem »& Co« im Namen.

2. NEUE PRODUKTE Im Gegensatz zu Beiersdorf, der eher Forscher als Unternehmer war, widmete sich Troplowitz schnell dem Ausbau und der Veränderung der Produktion. Arbeitsabläufe wurden verändert, und die Produktion wurde auf maschinellen Betrieb umgestellt, was die Effektivität maßgeblich erhöhte.
Die Produktpalette wurde ebenfalls erweitert, so dass in der ersten Preisliste unter Troplowitz' Führung 1891 bereits 131 Produkte zum Verkauf standen. Bis zur Jahrhundertwende kamen über zwanzig weitere Produktneuheiten hinzu, unter anderem Paraplaste (1895), ein Pflaster, das eine längere Applikationsdauer zuließ als die Guttaperchapflaster und damit die Grundlage für die moderne

1 Paul Carl Beiersdorf
(Archiv Beiersdorf AG)

2 Paul Gerson Unna
(Archiv Beiersdorf AG)

3 Briefwechsel Beiersdorf
mit Troplowitz 1890
(Archiv Beiersdorf AG)

4 Patent
Verfahren zur Herstellung
trocknender Salben
1894
(Archiv Beiersdorf AG)[2]

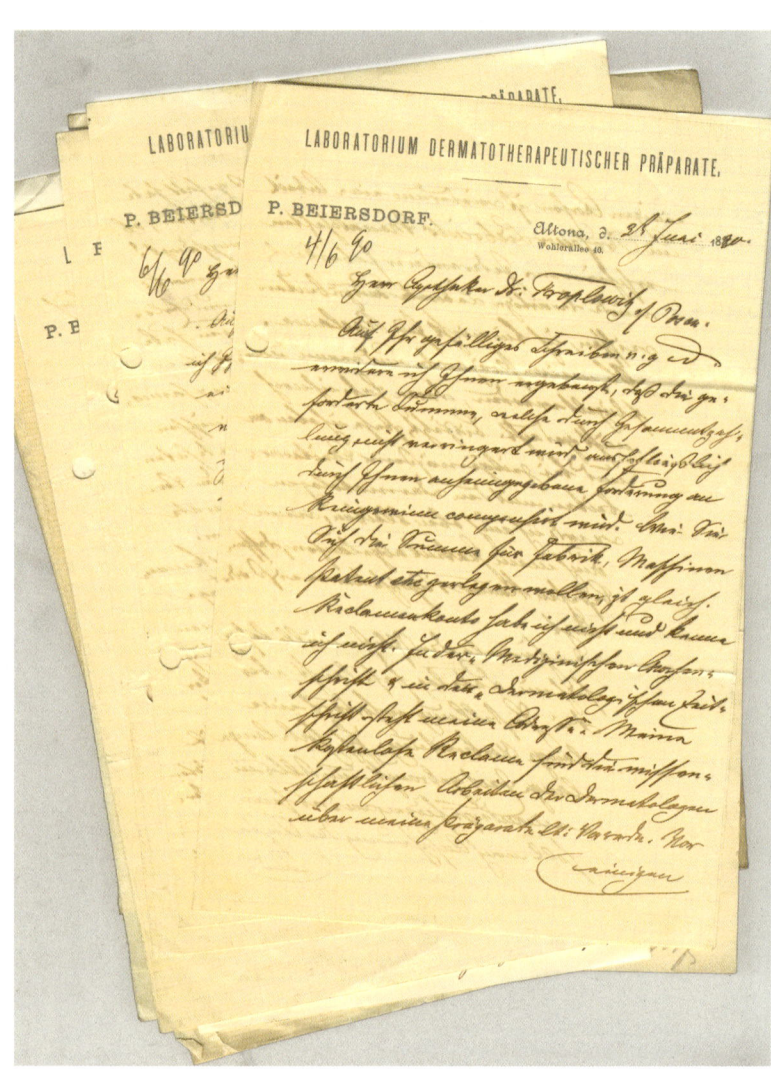

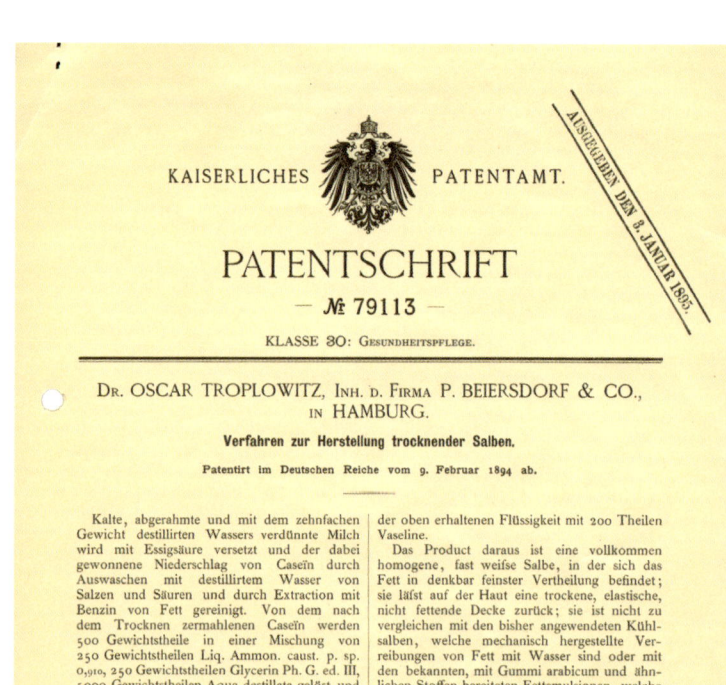

Pflastertechnologie schaffte, Cito Sportheftpflaster (1896), der Vorläufer aller technischen Klebebänder, die später unter dem Namen *tesa* zusammengefasst wurden, sowie weitere Pflaster für diverse Anwendungsgebiete.

Dass Troplowitz nicht nur ein hervorragender Geschäftsmann, sondern auch ein guter Forscher war, zeigt sein Patent zur Herstellung trocknender Salben aus dem Jahre 1894. Mit diesem neuen Verfahren konnten Arzneistoffe in eine Salbengrundlage eingebracht werden. Es war das erste Patent, das aus Troplowitz' eigenen Forschungen hervorgegangen war.

Bei der Entwicklung dieser Neuerungen wurde an der Zusammenarbeit mit Professor Paul Gerson Unna festgehalten, die bereits von Paul C. Beiersdorf etabliert worden war. Er war maßgeblich an vielen Entwicklungen aus dem Hause Beiersdorf beteiligt und fungierte als Berater in vielen Fragen der Produktentwicklung.

Unna war weit über die Grenzen des Deutschen Reiches für seine medizinische Forschung und seine Hamburger Hautklinik bekannt und galt als einer der bedeutendsten Dermatologen seiner Zeit. Sein Name ist auf zahlreichen Beiersdorf-Produkten zu finden, was für die jeweiligen Präparate eine Art Gütesiegel darstellte. Seine wissenschaftlichen Veröffentlichungen über die Produkte aus dem Hause Beiersdorf machten diese zudem international bekannt, was die Grundlage für die internationale Expansion der frühen Jahre darstellte.

3. INTERNATIONALE ENTWICKLUNG Nicht nur die Produktpalette veränderte und erweiterte sich bis zur Jahrhundertwende, auch die Fabrikationsstätten und Laboratorien wurden unter Troplowitz' Führung vergrößert. Die Laboratorien und die Produktionsstätte, die Troplowitz in Altona von Beiersdorf übernommen hatte, waren zu klein und ungünstig geschnitten gewesen, darum machte sich Troplowitz auf die Suche nach geeignetem Grund für einen Neubau im benachbarten Hamburg. Am Lokstedter Weg, dem späteren Eidelstedter Weg und der heutigen Unnastraße, wurde er fündig. Im Jahre 1892 konnte das Richtfest des neuen Fabrikgebäudes gefeiert werden, an dem Standort, an dem auch heute noch die Beiersdorf-Zentrale zu finden ist.

1893 begann die internationale Expansion des Unternehmens, die mit einem Kooperationsvertrag mit dem amerikanischen Handelshaus Lehn & Fink in New York besiegelt wurde. Durch die positiven Besprechungen von Unna in Fachzeitschriften waren die Beiersdorf-Produkte schon seit den 1880er Jahren von Ärzten und Apothekern aus aller Welt bestellt worden, was den Schritt zu internationalen Verträgen und Handelspartnerschaften begünstigte.

Diesem ersten Schritt im Jahre 1893 folgten zahlreiche weitere internationale Geschäftsbeziehungen. Im Jahre 1914 waren die Beiersdorf-Produkte bereits in fast allen Ländern der Erde erhältlich. Ein Netz von Geschäftsstellen, Vertretun-

5–7 Bestellpostkarten aus
Island 1916
Bulgarien 1903
Australien 1904
(Archiv Beiersdorf AG)

gen und Fabrikationsstellen machte diese Entwicklung möglich. Troplowitz hatte schnell erkannt, dass die Qualität und Güte seiner Produkte dem internationalen Vergleich leicht standhielten, und hatte daraufhin die internationale Expansion des Unternehmens stark vorangetrieben. Die Umsatzzahlen gaben ihm recht: Über 40% des Umsatzes wurden zu diesem Zeitpunkt bereits aus dem Ausland generiert.

Vorausgegangen waren dieser Entwicklung die Einführung neuartiger Werbeformen und Strategien zur Vermarktung. Dazu gehörten auch bebilderte Preislisten, die den Kunden die Bestellung einfacher machen sollte. Die Mühen und Kosten, solche Preislisten auch für andere Länder zu produzieren, hatte das Unternehmen auf sich genommen, um den internationalen Markt erreichen zu können.

4. GROSSE MARKEN Der Markengedanke war noch nicht allgegenwärtig, als Troplowitz das Laboratorium von Beiersdorf übernommen hatte. Erst langsam, Ende des 19. Jahrhunderts, entwickelte sich die Idee, Produkte unter einem Markennamen zu führen. Der Markenname für ein spezifisches Produkt sollte ein Qualitätsversprechen gegenüber dem Käufer und eine Abgrenzung bezüglich der Konkurrenzprodukte darstellen. Troplowitz erkannte schnell die Kraft des Markenartikels und der Reklame und setzte dieses Prinzip konsequent in seinem Unternehmen um.

Wichtig war Troplowitz von Anfang an, neue Wege in der Werbung zu gehen. In seiner Zeit entstanden viele neuartige Plakate für alle großen Marken seines Unternehmens.

Troplowitz hat nicht nur auf ein gutes Marketing und eine innovative Werbung gesetzt, sondern stets darauf geachtet, dass seine Patente geschützt bleiben und die Produkte als Marken erkannt wurden. 1903 wurde dann auch unter seiner Mithilfe der heute noch bestehende »Verband der Fabrikanten von Markenartikeln« (heute »Markenverband«) gegründet. Ab 1905 fand sich auf den Beiersdorf-Preislisten konsequent die Information, dass das Unternehmen »Mitglied des Verbandes der Fabrikanten von Markenartikeln« sei. Dieses Engagement zeigt, dass der Markengedanke bereits zu Beginn des 20. Jahrhunderts tief im Unternehmen verankert war. Die Forschungs- und Werbeinvestitionen sollten durch einen organisierten Markenverband vor Imitaten geschützt werden. Dies war auch die Voraussetzung für weitere Investitionen in Forschung und Entwicklung, Kommunikation und damit für innovative Produkte.

Auf dieser rechtlichen Grundlage war es möglich, dass Troplowitz Marken wie Leukoplast (1901), Pebeco Zahnpasta (1905), Lassoband (1906), Labello (1909) und Eucerin (1911) auf den Markt bringen konnte, um nur einige zu nennen. Im Jahre 1911 wurde dann die bis heute wichtigste Beiersdorf-Marke aus der Taufe gehoben: NIVEA.[3]

8 Richtfest
am neuen Fabrikationsort
in Eimsbüttel 1892
(Archiv Beiersdorf AG)

9–11 Bestellpostkarten aus
Japan 1902
Südafrika 1904
Chile 1906
(Archiv Beiersdorf AG)

12 Französische Preisliste von 1902
(Archiv Beiersdorf AG)

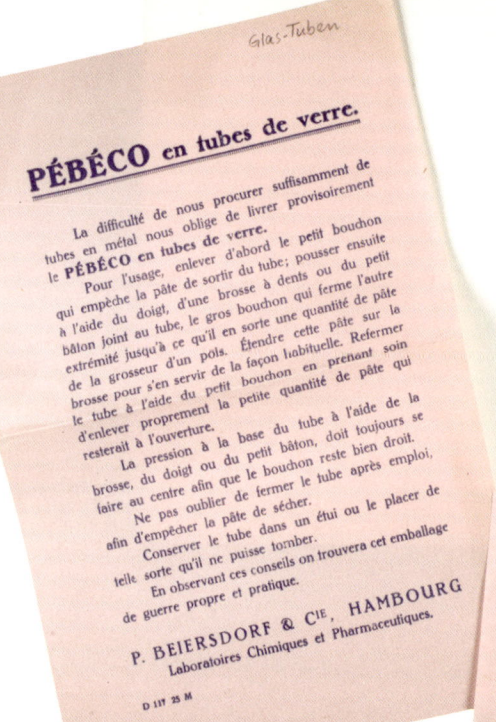
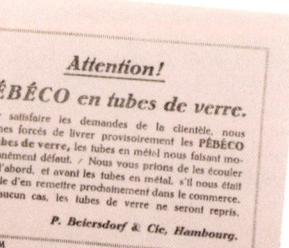
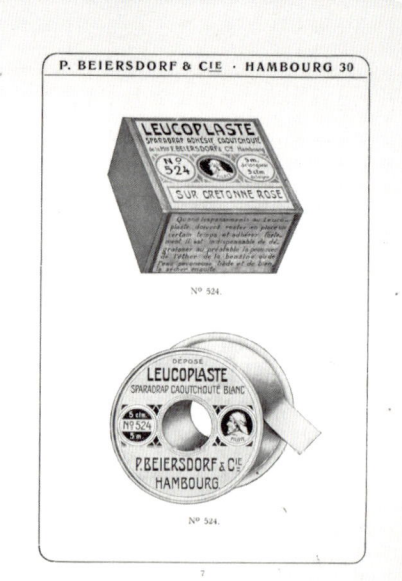

13 Preisliste
von 1891
(Archiv Beiersdorf AG)

— 30 —

P. BEIERSDORF & CO., ALTONA.

Guttapercha-Pflastermulle.

Die Guttapercha-Pflastermulle werden sowohl in der früheren Verpackung, in Papierbeuteln, als auch in soliden Pappcartons geliefert; im letzteren Falle erhöht sich der **Brutto**-Preis per Meter um **5 Pfg.**

No.	Arzneistoffe.	Quantität in Grammen auf 1/5 Quadrat-Meter	Preis per Meter ℳ	₰
1	Acidum arsenicosum	2	2	25
2	**Acidum boricum**	10	2	25
3	Acidum boricum	20	2	50
4	Acidum carbolicum	5	2	25
5	**Chrysarobinum**	10	3	25
6	Chrysarobinum	2	2	25
7	**Pyrogallolum** (Acidum pyrogallicum)	10	4	00
8	Pyrogallolum Morphinum hydrochloricum	10 2	4	75
9	**Acidum salicylicum**	25	4	00
10	**Acidum salicylicum**	10	2	50
10ª	Acidum salicylicum	40	4	50
10ᵇ	Acidum salicylicum	30	4	25
10ᶜ	Acidum salicylicum	20	3	50
10ᵈ	Acidum salicylicum	15	3	00
10ᵉ	Acidum salicylicum	5	2	25
10ᶠ	Acidum salicylicum	4	2	25
10ᵍ	Acidum salicylicum	3	2	25
10ʰ	Acidum salicylicum	2,5	2	25
10ⁱ	Acidum salicylicum	2	2	25
10ᵏ	Acidum salicylicum	1,5	2	25
10ˡ	Acidum salicylicum	1	2	25
10ᵐ	Acidum salicylicum	0,5	2	25
10ⁿ	Acidum salicylicum	0,25	2	25

— 31 —

P. BEIERSDORF & CO., ALTONA.

Guttapercha-Pflastermulle.

No.	Arzneistoffe.	Quantität in Grammen auf 1/5 Quadrat-Meter	Preis per Meter ℳ	₰
11	**Jodoformium**	10	2	50
12	Jodoformium Morphinum hydrochloricum	5 2	3	50
13	Jodoformium Morphinum hydrochloricum	10 4	4	50
14	Jodoformium Extractum Belladonnae	5 10	4	00
15	**Hydrargyrum**	20	2	50
15ª	Hydrargyrum auf starkem Stoff	20	3	00
16	**Hydrargyrum** **Acidum carbolicum**	20 7,5	2	50
17	**Hydrargyrum** **Zincum oxydatum**	20 20	3	00
18	Hydrargyrum Acidum arsenicosum	10 10	3	00
19	Hydrargyrum Acidum arsenicosum	5 1	2	50
20	Hydrargyrum Acidum arsenicosum Kreosotum Morphinum hydrochloricum	5 5 5 1	4	50
21	Hydrargyrum Acidum arsenicosum Morphinum hydrochloricum Kreosotum	5 10 5 5	6	75

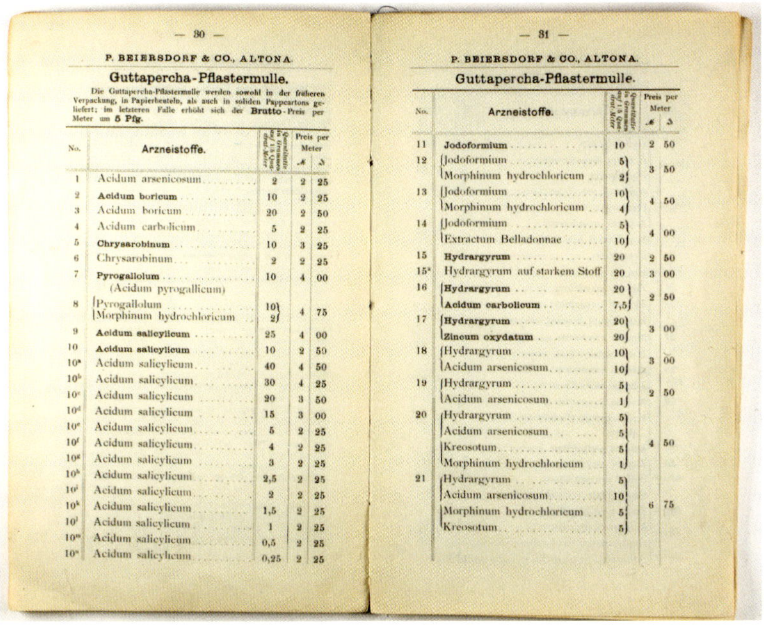

14 Verzeichnis der
Geschäftsstellen,
Fabrikationsstellen
und Vertreter
1914
(Archiv Beiersdorf AG)

VERZEICHNIS DER GESCHÄFTSSTELLEN,
FABRIKATIONSSTELLEN UND VERTRETER

AM 1. AUGUST 1914.

I. GESCHÄFTSSTELLEN:

England .. P. Beiersdorf & Co., London E.C., 7 & 8 Idol Lane.
Österr.-Ung. P. Beiersdorf & Co., Wien, Neulingsgasse 11.

II. FABRIKATIONSSTELLEN UND VERTRETER:

Dänemark . Trojel & Meyer, Kopenhagen.
England .. P. Beiersdorf & Co., London.
Frankreich . Dr. A. Kraus, Paris.
Österr.-Ung. P. Beiersdorf & Co., Wien.
Rußland .. Georg Brasche & Co., Moskau.
Argentinien. Kropp y Cia., Buenos Aires.
Mexico .... Guillermo Heinrichs y Cia., Mexico.
Ver. St. von N.-Amerika Lehn & Fink, Neu-York.
Australien . C. Arnold, Sydney.

III. VERTRETER:

Belgien ... Pharmacie Th. Demalte, Succr. Aug. Demoulin, Lüttich.
J. J. Petit, Brüssel.
Bulgarien .. Isak Eschua, Sofia.
Griechenland C. Kloebe & Co., Athen.
Niederlande u. Kolonien M. B. Neumann & Co., Amsterdam.
Portugal .. Comp^hia Port. Hygiene Lda., Lissabon.
Rumänien . Samy Hornstein, Bukarest.
Serbien ... M. Milutinovits, Belgrad.
Spanien ... Julio Heidenreich, Barcelona.
Schweden .. A. Sandström & Co., Gothenburg.
Türkei, europäische Widmann & Co., Konstantinopel.
Türkei, asiatische . Rousso & Danon, Smyrna.
China .... Voelkel & Schröder, Shanghai.
Adolf Kuby, Hongkong.
Schmidt & Co., Peking.
Japan und Korea . Schmidt-Shoten, Tokio.
Philippinen Stahl & Rümcker, Manila.
Egypten ... Otto Stierle & Co., Alexandrien.
Brasilien .. Carlos, Kern & Cia., Rio de Janeiro.
Mello, Sobrinho & Comp., São Paulo.
Canada ... Lehn & Fink, Neu-York.
Chile ..... H. Gevert, Santiago.
Cuba ..... Dr. Manuel Johnson, Habana.
Ecuador ... W. Stahl, Lima.
Paraguay .. Kropp y Cia., Buenos Aires.
Peru ..... W. Stahl, Lima.
Uruguay .. Kropp y Cia., Montevideo.

47

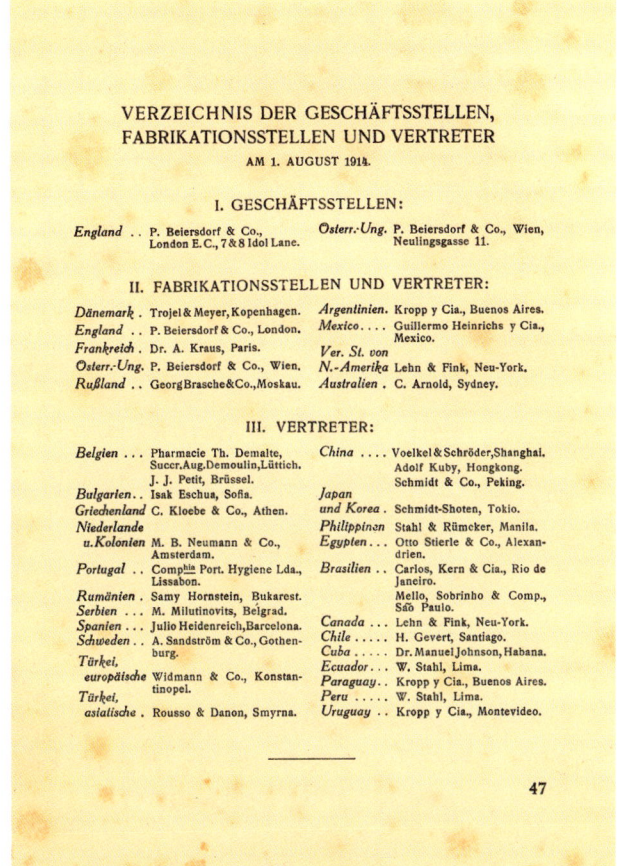

15 Cito-Werbung 1898
(Archiv Beiersdorf AG)

16 Cito Sport-Heftpflaster
(Archiv Beiersdorf AG)

17 Lassoband
(Archiv Beiersdorf AG)

18 Eucerin 1922
(Archiv Beiersdorf AG)

19 NIVEA-Dose 1911
(Archiv Beiersdorf AG)

Bereits 1906 als Markenname für die »Beiersdorf Basisseife« eingesetzt, kam im Jahre 1911 die große Stunde der weltweit wohl berühmtesten Hautcreme. Forschungen des Chemikers Isaac Lifschütz machten es erstmals möglich, Wasser und Öl durch den Emulgator Eucerit zu einer stabilen Creme zu verbinden. Troplowitz erkannte sofort die Möglichkeiten dieses neuen Verfahrens. Entgegen den Wünschen von Lifschütz, der den Nutzen des Eucerits und der neuartigen Creme eher im medizinischen Umfeld sah, begann Troplowitz die weiße Creme als Haut- und Schönheitscreme auf den Markt zu bringen. Dies war der Beginn einer Erfolgsgeschichte, die bis heute anhält.

Angelehnt an die Farbe der Creme passte der Markenname NIVEA (abgeleitet vom Lateinischen nix, nivis = die Schneeweiße) perfekt. Noch unter Troplowitz' Leitung wurden zahlreiche weitere NIVEA-Produkte ab 1911 auf den Markt gebracht, so dass das NIVEA-Sortiment bis zu Troplowitz' Tod im Jahre 1918 auf zehn Produkte anwuchs. Heute, fast 100 Jahre nach der Geburtsstunde der schneeweißen Creme, ist das NIVEA-Sortiment auf ca. 500 Produkte angewachsen, und NIVEA ist die größte Haut- und Schönheitspflegemarke der Welt.

Troplowitz hat es in 28 Jahren geschafft, aus einem kleinen Laboratorium mit elf Angestellten ein weltweit bekanntes Unternehmen mit starken Marken zu machen, das zum Zeitpunkt seines Todes im Jahre 1918 über 500 Mitarbeiter zählte. Noch heute sind es die Marken aus der Ära Troplowitz – Eucerin, Labello und allen voran NIVEA –, die das Fundament für den wirtschaftlichen Erfolg der Beiersdorf AG bilden. Dieser bis heute anhaltende Erfolg zeigt, dass Troplowitz nicht nur eine außergewöhnliche Persönlichkeit war, sondern den seltenen Charakter eines innovativen Forschers und strategisch klug denkenden Unternehmers in sich vereinte.

Thorsten Finke leitet den Bereich Corporate & Brand History der Beiersdorf AG in der Firmenzentrale Hamburg-Eimsbüttel.

20 Pebeco-Werbung
1909
(Archiv Beiersdorf AG)

21 NIVEA-Werbung
1911
(Archiv Beiersdorf AG)

22 Beiersdorf-Werk 1915
(Archiv Beiersdorf AG)

ANSICHT DER FABRIKANLAGEN VON P. BEIERSDORF & CO., HAMBURG
AM 1. OKTOBER 1915

ANMERKUNGEN

1 Brief Beiersdorf an Troplowitz vom 3.06.1890, CBH Archive 140, Beiersdorf AG.
2 Patent Verfahren zur Herstellung trocknender Salben vom 9. Februar 1894, Kaiserliches Patentamt Nr. 79113, CBH Archiv 230, Beiersdorf AG.
3 Eine komplette Übersicht der unter Troplowitz auf den Markt gebrachten Produkte und Marken ist im folgenden Anhang zu finden.

ANHANG: PRODUKTEINFÜHRUNGEN 1891 BIS 1918

Im Folgenden soll die schlichte Aufzählung der Produkteinführungen unter Oscar Troplowitz von 1891 bis 1918 verdeutlichen, mit welch innovativer Kraft der Unternehmer den Markengedanken vertrat und wie er innerhalb weniger Jahre aus dem kleinen Labor von Paul Carl Beiersdorf ein international operierendes Geschäft machen konnte.

1891 Elastische Suspensorien nach Dr. Unna
1891 Salbenstifte
1892 Florisal Zahnpasta nach Dr. Floris
1893 Comedonenquetscher nach Dr. Unna
1893 Aromatische Kalichloricum Zahnpasta
1893 Cornilin gegen Hühneraugen, Hornhaut, Warzen
1893 Aromatische Kalichloricum Zahnpasta
1894 Trola Sohlen (Hygienische Schweißsohlen)
1895 Emplastrum anglicum, Englische Pflaster, ab 1901 perforiert
1895 Hühneraugenringe aus Kautschuk-Heftpflaster
1895 Paraplaste
1896 Cito Sportheftpflaster
1898 Tricoplaste aus Tricot, gestrichene Pflaster ohne Kautschuk
1898 Beiersdorfs Kautschukpflaster
1898 Kautschuk-Pflaster auf Segelleinen für Streckverbände, ab 1901 Leukoplast für Streckverbände
1898 Beiersdorfs poröse Kautschukpflaster
1898 Kopfpomade
1898 Beiersdorfs elastische Pflaster-Suspensionsbinden nach Dr. Unna
1898 Kautschuk-Heftpflaster gelb und weiß
1898 Augenbinden
1898 Depilatorium
1899 Emplastra diversa extensa
1899 Mercolintschurz (Quecksilbertherapie gegen Syphilis und Läuse)
1899 Nabelbinde Umbiline
1900 Nabelbinden nach Dr. Proeless
1900 Canthardin-Kautschukpflaster in Ohrform ohne und mit Abheilpflaster (ab 1936 auch Emplastrum canthardini perpetuum)
1900 Beiersdorfs aromatische Kalichloricum Zahnpasta
1900 Markasitseife
1900 Harzstifte
1901 Brustpflaster
1901 Leukoplast weißes Kautschukpflaster
1901 Medicamentöse Kautschukpflaster
1901 Leukoplast für Streckverbände
1901 Paraplast mit Zinkoxyd in Streifenform
1901 Elastische Pflasterbinden nach Dr. Unna, Kompressions- und Konstrictionsbinden
1901 Simplaxbinden nach Dr. Unna
1901 Hühneraugenringe aus Feuerschwamm
1902 Beiersdorfs Zahnpasta
1902 Cornina Hühneraugenpflaster
1905 Pebeco Zahnpasta
1905 Touristenpflaster Kautschukpflaster, schmerzlindernd bei Hühneraugen, Hornhaut und Warzen
1905 Wasserfeste Seidenpflaster
1905 Laryline Keuchhustenpflaster
1905 Radiophor (radioaktive Masse auf Zelluloidfolie)
1905 Leibbinde Enteropher
1905 Philipbinden bei Unterschenkelbeschwerden
1905 Nabelbinde Nabiline
1906 NIVEA, Beiersdorfs überfettete Basisseife (Kinderseife)
1906 Lassoband Kautschukpflaster zum Verschließen von Gefäßen
1907 Tesa Tube für Pebeco Zahnpasta
1907 Lippenpomade
1907 Aromatische Antiseptische Zahnpasta nach Dr. Stern
1907 Guttaplast
1907 Capsicum-Pflaster
1907 Merkalatore (Quecksilber-Einatmungsmaske)
1907 Belladonna-Brustpflaster
1908 Aromatisches Mundwasser
1908 atrix Rasierseife (ab 1922 NIVEA Rasierseife)
1909 Labello Lippenpomade
1910 Hühneraugen- und Ballenringe aus Filz
1910 Capsiplast
1910 Paralleloplast
1910 Leukoplast-Bleifolie, Schutzmasken
1911 Eucerin Pomade Goldcreme
1911 Eucerin Puder
1911 NIVEA Creme
1912 Gelanth Creme
1912 NIVEA Schweißpuder
1912 NIVEA Haarmilch
1912 NIVEA Puder
1912 NIVEA Teint Puder
1914 NIVEA Kinderpuder
1914 NIVEA Sport- und Massagepuder
1914 Novoplast gegen Zahnfleischfisteln
1914 Zinkleimbinden
1914 Beiersdorfs Warzenpflaster
1914 Lassoband Isolierband
1915 NIVEA Soldatenpuder
1915 NIVEA Presspuder
1915 Alboplast, weißes Kautschuk-Heftpflaster auf grauem Cretonne
1915 Taffonal zur Befestigung von Verbänden und Perücken
1918 gewöhnliche gestrichene Pflaster

OSCAR TROPLOWITZ 1863-1918

1863 Geburt am 18. Januar in Gleiwitz (Gliwice) in Oberschlesien. Die jüdische Familie stammt ursprünglich aus der Stadt Opavice – deutsch: Troplowitz. Die Mutter Agnes ist eine geborene Mankiewicz, der Vater Simon Ludwig (Louis) ist von Beruf Maurermeister. Oscar hat eine vier Jahre ältere Schwester.
1870 Die Familie Troplowitz zieht nach Breslau. Vor seinem Abitur muss Oscar, der studieren und Kunsthistoriker werden will, auf Drängen seines Vaters die Schule mit der Realschulreife verlassen, um den Beruf seines Onkels zu erlernen.
1878-1881 Apothekerlehre in Breslau.
1881-1884 Apothekergehilfe in Berlin und in der Apotheke seines Onkels Gustav Mankiewicz in Posen.
1884-1886 Studium der Pharmazie an der Universität Breslau (Staatsexamen).
1886-1888 Nachholen des Abiturs. Studium und Promotion zum Dr. phil. an der Universität Heidelberg.
1888-1889 Militärdienst.
1889-1890 Arbeit als Apotheker bei seinem Onkel in Posen. Troplowitz verlobt sich mit der Tochter seines Onkels, Gertrud Mankiewicz.
1890 Der junge Apotheker entdeckt eine Anzeige in der *Pharmazeutischen Zeitung*, in der Paul Carl Beiersdorf seine erst acht Jahre alte Altonaer Fabrik und sein Lager chemisch-pharmazeutischer Utensilien »besonderer Verhältnisse halber« (sein Sohn hat sich gerade erschossen) zum Verkauf anbietet. Troplowitz leiht sich das nötige Geld von seinem Onkel und kauft das Unternehmen. Beiersdorf und der Dermatologe Paul Gerson Unna haben zusammen die hautverträgliche Guttapercha-Pflastermulle entwickelt (Patent 1882), die sehr erfolgreich verkauft wird. Die Zusammenarbeit mit Unna kann sich Troplowitz nach der Übernahme der Firma erhalten und ausbauen. Der später international anerkannte Professor propagiert die Produkte der Firma in wissenschaftlichen Kreisen. Die große Stärke von Troplowitz liegt von Anfang an darin, auf die Anregungen und Bedürfnisse praktizierender Ärzte und Apotheker schnell und adäquat zu reagieren.
Der Charakterunterschied zu Beiersdorf kann größer nicht sein. Während sein Vorgänger allein auf die Qualität seiner Produkte setzt, die sich schon ohne Marktbeeinflussung und Tuchfühlung mit den Ärzten verkaufen würden (»Ich bin nicht für Reklame«), geht Troplowitz stark in die Werbung und besucht Messen, um strategisch wichtige Kontakte zu pflegen und seine Produkte bekannter zu machen.
1891 Troplowitz und Gertrud, die nun nach Altona nachkommt, heiraten. Zuallererst führt der Unternehmer maschinelle Herstellungsverfahren ein und vervielfältigt damit die Produktion – schnell muss er mehr Personal einstellen. Troplowitz verlegt die Firma von Altona nach Eimsbüttel, wo heute noch die Firmenzentrale steht.

1 Gertrud Troplowitz
(Archiv Beiersdorf AG)

2 Oscar Troplowitz
(Archiv Beiersdorf AG)

3 und 4 Unbek.,
Vater Louis Troplowitz, 1905,
Mutter Agnes Troplowitz, 1905,
Zeichnungen
(Hamburger Privatsammlung)

1892 Ein neues Fabrikationsgebäude wird in Eimsbüttel gebaut. Troplowitz kauft in den folgenden Jahren darüber hinaus systematisch benachbarte Grundstücke auf und vergrößert sein ständig wachsendes Unternehmen. In der Firma entstehen immer neue Produktlinien.
Der junge Unternehmer beginnt mit der Reduzierung der wöchentlichen Arbeitszeit bei vollem Lohnausgleich (zunächst von 60 auf 56 Stunden, um 1900 auf 52 und 1912 auf 48 Stunden). Diese und die ab 1897 folgenden Sozialeinrichtungen sowie der deutlich höhere Lohn führen zu einer starken Identifikation und Loyalität der Mitarbeiter. Fünfundzwanzig Jahre lang soll seit der Übernahme der Firma durch Troplowitz nur ein Angestellter gekündigt haben.
1894 Das erste Patent, das aus der eigenen Forschung hervorgeht, wird angemeldet (die Herstellung trockener Salben, die die Einarbeitung unterschiedlichster Arzneistoffe ermöglichen). Mit Cito (1896) erfindet Troplowitz den Vorläufer der Klebebänder. Es werden wichtige Erfindungen wie Leukoplast (1901), Pebeco (1905), die Nivea-Seife und das Lassoband (1906), die Rasierseife Atrix (1908), Labello (1909) oder die Nivea-Creme (1911) folgen. Troplowitz bringt Marken auf den Weg, die man bis heute kennt.
Erhalt der Preußischen Staatsangehörigkeit. Troplowitz wird behördlich bescheinigt, dass er »und zwar durch Abstammung die Eigenschaft als Preuße besitzt«. Schon im November desselben Jahres beantragt Troplowitz wegen seines Umzugs nach Hamburg Aufnahme in den Hamburgischen Staatsverband.
Nach der finanziellen Konsolidierung machen Troplowitz und seine Frau ausgedehnte Reisen nach Italien, in der Folge nach Belgien und England (1895) sowie nach Frankreich (1900) und nach Russland (1902). Ab 1906 verreisen beide mit dem neu zugelegten Automobil (zweimal nach Italien und zweimal nach Frankreich). Aus dem Urlaub im ägyptischen Luxor schicken sie 1909 eine Postkarte, und 1913 fahren sie mit dem Schiff sogar in die USA.
1897 Eintritt in die Jüdische Gemeinde Hamburg.
In diesem Jahr der wichtigsten sozialen Einrichtungen, die für Hamburg völlig neu sind, wird eine Unterstützungskasse für Arbeitsausfälle u. a. bei Krankheit, Geburt und Tod eingeführt. Im gleichen Jahr werden eine Stillstube und ein bezahlter Urlaub eingerichtet.
1904 Troplowitz wird bis 1910 als Mitglied des »Linken Zentrums« in die Hamburger Bürgerschaft gewählt. In seinen vielfältigen ehrenamtlichen Tätigkeiten engagiert er sich ausgesucht für die Volksschulen, bessere Verkehrsverhältnisse, Vermehrung der Grünanlagen und die soziale Lage der städtischen Angestellten.
1905 Troplowitz arbeitet bis zu seinem Tod in der bürgerschaftlichen Baudeputation. Maßgeblich ihm ist es zu verdanken, dass Fritz Schumacher 1909 als Leiter des Hochbauamtes (später als Oberbaudirektor) berufen werden wird.

1906 Einführung einer firmeneigenen Sparkasse für Angestellte zu deutlich besseren Konditionen als auf dem freien Markt.

Der Schwager Otto Hanns Mankiewicz tritt in die Firma ein und ist als Jurist für alle rechtlichen Fragen zuständig, während Troplowitz sich nach wie vor der Forschung, Produktion und dem Kontakt mit den Ärzten widmet. Der Lebemann Otto Hanns gilt als unsolide, ist Mitglied des über die Lande ziehenden Kabaretts »Überbrettl«, und Troplowitz nimmt ihn in die Firma auf, um ihm Verantwortung zu übertragen und nach dem Willen seines Onkels auf den rechten Weg zu führen.

Einrichtung einer eigenen Geschäftsstelle in London.

1909 Die Villa in der Agnesstraße an der Hamburger Außenalster wird durch den Messel-Schüler William Müller errichtet. Troplowitz wählt einen völlig neuen und schlichten Bauputz, der nicht mehr dem Jugendstil nacheifert.

Der mittlerweile reiche Fabrikant trifft in Paris den Hamburger Maler Friedrich Ahlers-Hestermann, durch dessen Beratung wichtige Werke des Impressionismus und der Moderne gekauft werden (zum Beispiel Auguste Renoir, Max Liebermann und Pablo Picasso). Eine bedeutende Kunstsammlung von über hundertachtzig Werken entsteht. Intellektuelle, Künstler und Kulturschaffende geben sich in Troplowitz' Villa die Klinke in die Hand.

1910 Troplowitz und seine Frau konvertieren zum Christentum. Trotzdem unterstützt der Unternehmer weiterhin Einrichtungen aller Religionen – beispielsweise neben dem evangelischen und katholischen auch das israelische Krankenhaus. Bis 1916 engagiert sich Troplowitz für die Oberschulbehörde.

Auch auf sein Drängen hin beschließt die Bürgerschaft den Bau des Stadtparks. Troplowitz beauftragt den Bildhauer Arthur Bock mit der Ausfertigung einer Diana-Gruppe, die er dem Stadtpark schenkt.

1912 Angebot eines kostenlosen Mittagsessens für seine Angestellten.

1914 Schon im vorigen Jahrhundert hat Troplowitz eine internationale Öffnung seines Vertriebes geschafft. Zu Beginn des Ersten Weltkriegs gibt es bereits eine eigene Firmengründung in Wien und in 29 Ländern Vertretungen der Fa. Beiersdorf. In Buenos Aires, Kopenhagen, Mexiko, Moskau, New York, Paris und Sydney gibt es eigene Produktionsstellen.

Allein in Deutschland steigt die Zahl der Angestellten von elf (1890) auf etwa fünfhundert, und gemessen am Jahr 1900 haben sich die Gesamtumsätze fast verzwölffacht. Die Produktpalette ist in diesem Zeitraum um das Dreifache gewachsen.

1916 Errichtung einer Pensionskasse (Troma), die bis heute existiert. Troplowitz kauft das schleswig-holsteinische Gut Westensee und verknüpft auch hier auf glückliche Weise Eigeninteresse mit allgemeiner Wohlfahrt: Auf dem Gut konnte die Familie ausspannen und die Firma eine Tierhaltung für die Herstellung des

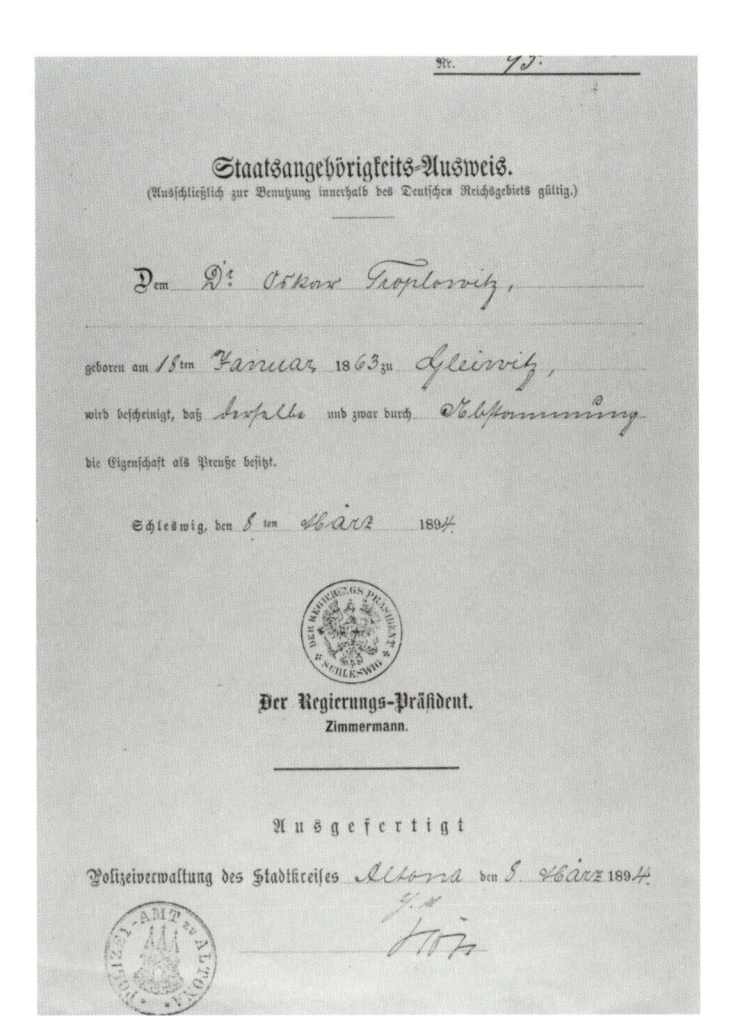

5 Staatsangehörigkeitsausweis
vom 8.3.1894
(Archiv Beiersdorf AG)

6 Postkarte aus Luxor vom 7.1.1909
(Archiv Beiersdorf AG)

wichtigen Aolan-Bestandteils Milch betreiben und den Kriegsheimkehrern unter seinen Angestellten Kurmöglichkeiten bieten.
Der zur lutheranischen Religion konvertierte Troplowitz übernimmt mit dem Adelsgut auch das Gemeindepatronat und engagiert sich finanziell stark für die örtliche Kirche.
Wahl in die Finanzdeputation.
1918 Durch den Ersten Weltkrieg, den Troplowitz von Anfang an ablehnt, und die Rohstoffknappheit muss die Fa. Beiersdorf herbe Verluste hinnehmen.
Am 27. April stirbt Troplowitz im Alter von fünfundfünfzig Jahren nach seiner Arbeit an einem Hirnschlag. Troplowitz wird am 1. Mai auf dem Ohlsdorfer Friedhof in Gegenwart einer stattlichen Trauergemeinde mit Bürgermeister, Senatoren, Deputierten und Angestellten begraben. Gertrud stirbt zwei Jahre später. Das Ehepaar hat keine Kinder.

Troplowitz hinterlässt in vielfacher Hinsicht tiefe Spuren. Die von ihm eingeführten Produkte, die erfolgreiche internationale Öffnung und die offensiven Werbestrategien sind 120 Jahre nach der Übernahme der Firma auch heute noch deutlich zu spüren. Die sozialen Einrichtungen machen im 20. Jahrhundert Schule. Die mehr als zwei Dutzend Kunstwerke höchsten Ranges haben die Hamburger Kunsthalle stark bereichert. Das von Fritz Schumacher geprägte Stadtbild Hamburgs wäre ohne den Einsatz von Troplowitz für den ersten Baudirektor nicht zu denken.
Der soziale und kulturelle Mäzen hat es geschafft, auf allen maßgeblichen Gebieten zu fördern, ohne sich in den Vordergrund zu bringen – so sehr, dass er heute beinahe vergessen ist.

7 Grabanlage Troplowitz-Mankiewicz, Entwurf von Fritz Schumacher, 1918, Ausfertigung bis 1920 von Arthur Bock (Ohldorfer Friedhof)

LITERATUR

Christine Claussen: »›Es gibt auch unter den Lebenden Meister …‹. Der Unternehmer Oscar Troplowitz auf dem Weg in die Moderne«, in: *Picasso, Beckmann, Nolde und die Moderne. Meisterwerke aus frühen Privatsammlungen in Hamburg in der Hamburger Kunsthalle* (Katalog Hamburger Kunsthalle), Hamburg 2001, S. 58–61.

Hans Gradenwitz: *Die Entwicklung der Firma Beiersdorf & Co. Hamburg bis zum 1. Oktober 1915*, Hamburg 1915.

Ekkehard Kaum: *Oscar Troplowitz. Forscher. Unternehmer. Bürger*, Norderstedt 1982.

KATALOG

Alle Ausstellungsstücke stammen, soweit nicht anders gekennzeichnet, aus der freundlichen Leihgabe der Beiersdorf AG.

Oscar
Troplowitz

Gertrud
Troplowitz

44

Unbek.,
Vater Louis Troplowitz
1905
Zeichnung,
Hamburger Privatsammlung

Unbek.,
Mutter Agnes Troplowitz
1905
Zeichnung,
Hamburger Privatsammlung

Otto Hanns
Mankiewicz

Otto Hanns Mankiewicz
auf dem Divan, Vorder- und Rückseite

45

Paul Carl Beiersdorf

Paul Gerson Unna

48

Geburtsurkunde
Oscar Troplowitz,
zweite Seite

Eintritt in die
Jüdische Gemeinde
1897

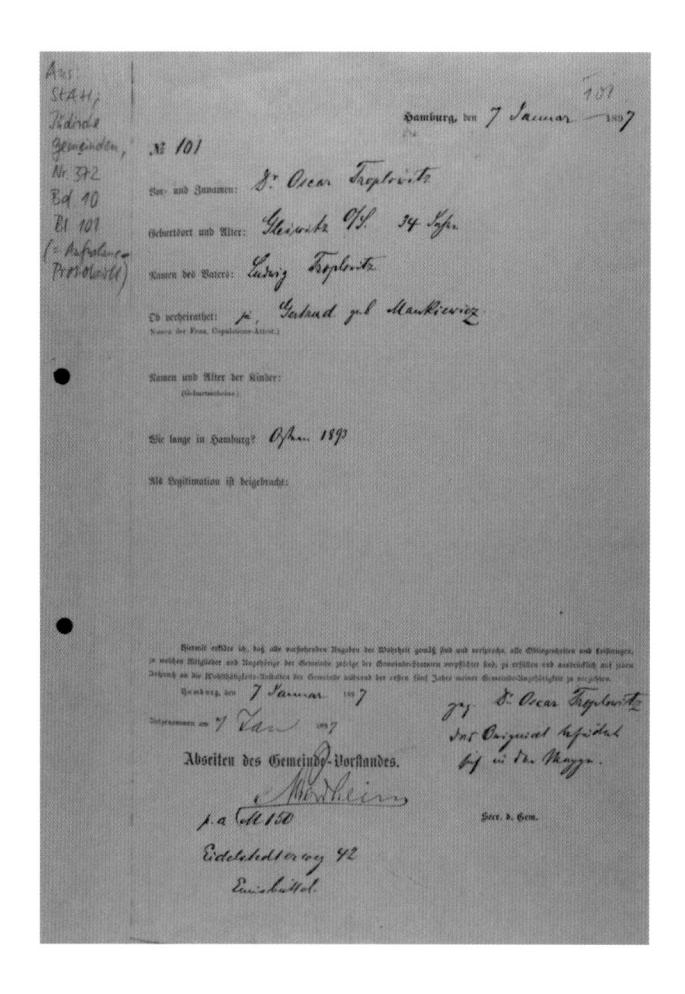

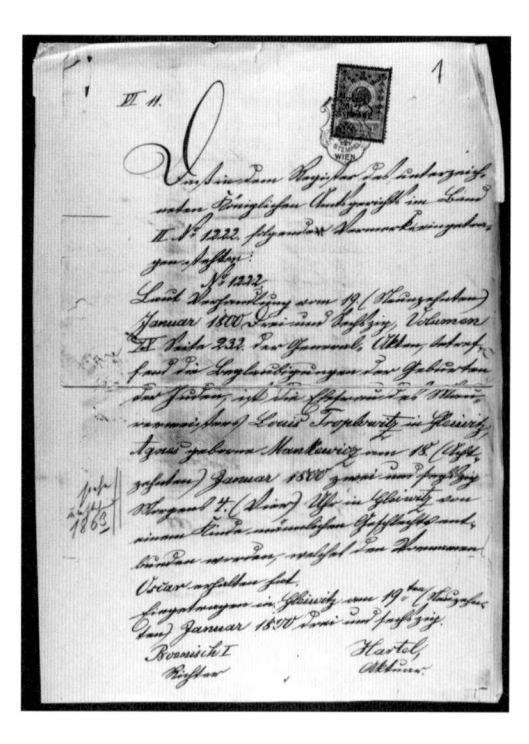

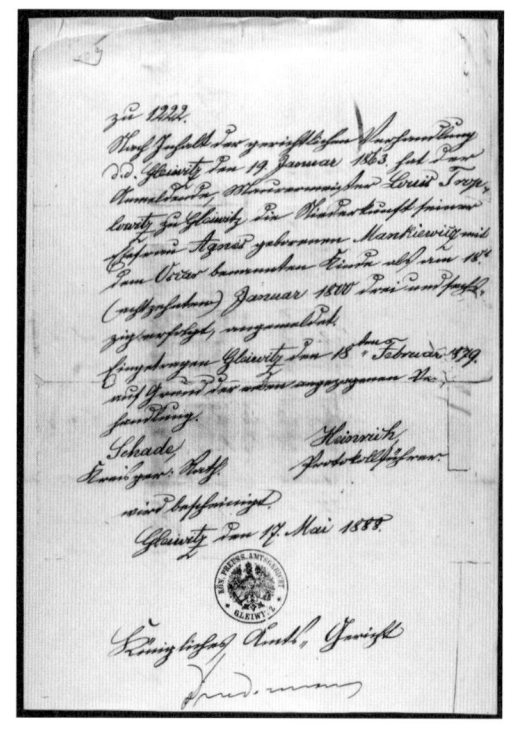

Väterliches Haus
in Gleiwitz

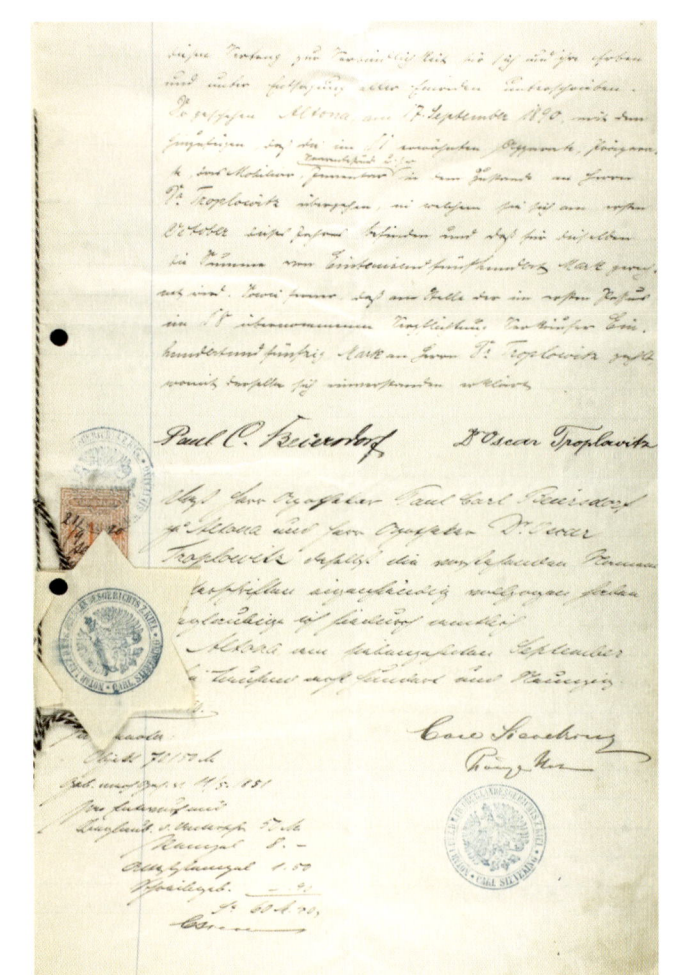

50   Kaufvertrag zwischen Beiersdorf und Troplowitz 1890   Öffentliche Anzeige der Firmenübergabe 1890

ALTONA, den 1. October 1890.

P. P.

Hiermit erlaube ich mir Sie ergebenst zu benachrichtigen, dass ich am heutigen Tage meine FABRIK DERMATO-THERAPEUTISCHER PRÄPARATE an meinen bisherigen Mitarbeiter Herrn *APOTHEKER DR. TROPLOWITZ* mit sämmtlichen Activis käuflich übergeben habe.

Indem ich für das mir entgegengebrachte Vertrauen meinen verbindlichsten Dank sage, bitte ich dasselbe auch meinem Nachfolger gütigst erhalten zu wollen.

Hochachtungsvoll
P. BEIERSDORF,
APOTHEKER.

Mit Bezug auf obige Anzeige benachrichtige ich Sie hiermit ergebenst, dass ich die von Herrn Apotheker **P. Beiersdorf** käuflich erworbene

FABRIK DERMATO-THERAPEUTISCHER PRÄPARATE

unter der Firma

P. BEIERSDORF & Co.

mit Übernahme aller Activa in dem neuen Fabrikgebäude, **Oelkersallee No. 82**, hierselbst fortführen werde.

Ich bitte Sie auch mich mit dem Herrn P. Beiersdorf in so reichem Masse geschenkten Vertrauen gütigst zu beehren und zeichne mit der Versicherung der promptesten Ausführung Ihrer werten Aufträge

hochachtungsvoll
DR. TROPLOWITZ,
APOTHEKER.

Herr DR. Troplowitz wird zeichnen: *P. Beiersdorf & Co.*

Richtfest am
neuen Fabrikationsort
in Eimsbüttel
1892

Belegschaft
ca. 1895

Troplowitz
mit Mitarbeitern
1898

Kontorpersonal
1898

Druckerei
ca. 1900

54

Gruppenaufnahme
1913

Abteilung Guttaplast
1914

Buchdruckerei
und Buchbinderei
ca. 1914

Schlosserei
1917

Mitarbeiterinnen
1916

Troplowitz' Schenkungsgesuch seiner Bronzeplastik *Diana mit Hunden*

Senatsprotokoll zu Troplowitz' Schenkungsgesuch

Hamburger Nachrichten vom 11.3.1911

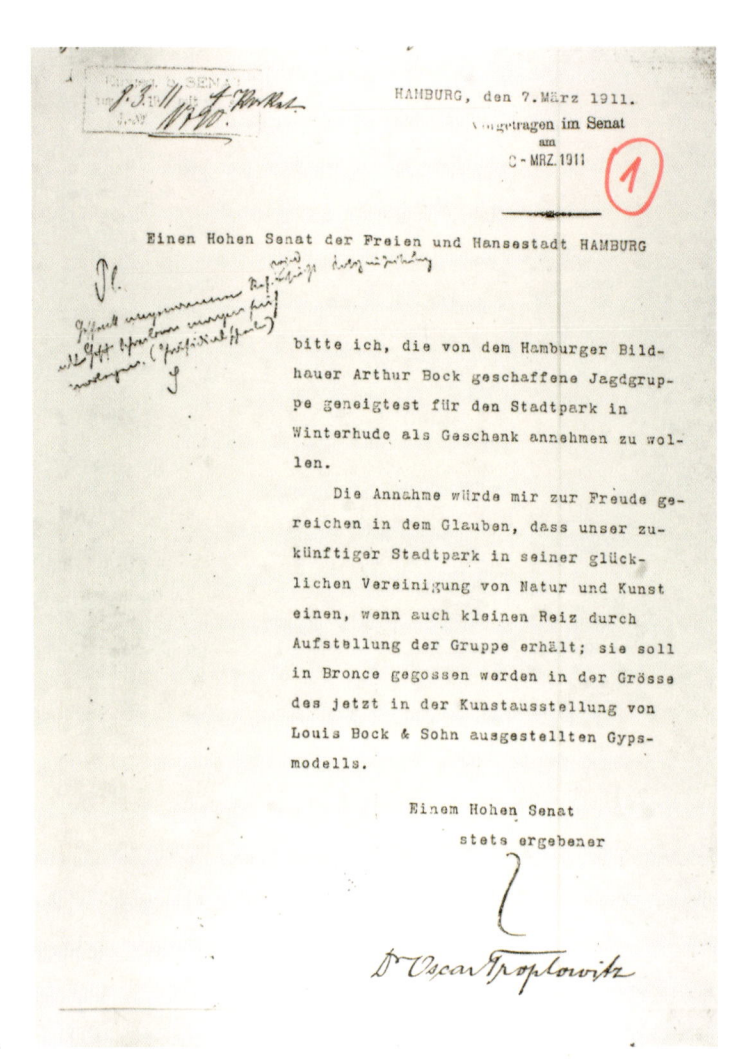

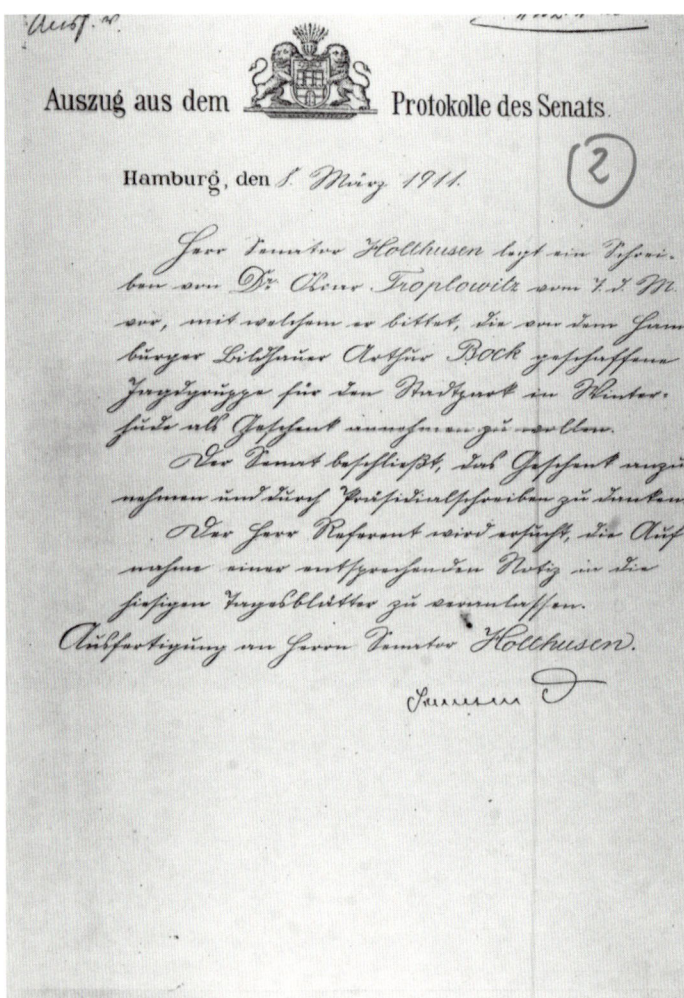

HAMBURG, den 7. März 1911.

Vorgetragen im Senat am
8. MRZ. 1911

Einen Hohen Senat der Freien und Hansestadt HAMBURG

bitte ich, die von dem Hamburger Bildhauer Arthur Bock geschaffene Jagdgruppe geneigtest für den Stadtpark in Winterhude als Geschenk annehmen zu wollen.

Die Annahme würde mir zur Freude gereichen in dem Glauben, dass unser zukünftiger Stadtpark in seiner glücklichen Vereinigung von Natur und Kunst einen, wenn auch kleinen Reiz durch Aufstellung der Gruppe erhält; sie soll in Bronce gegossen werden in der Grösse des jetzt in der Kunstausstellung von Louis Bock & Sohn ausgestellten Gypsmodells.

Einem Hohen Senat
stets ergebener

Dr Oscar Troplowitz

Auszug aus dem Protokolle des Senats.

Hamburg, den 8. März 1911.

Herr Senator Holthusen legt ein Schreiben von Dr. Oscar Troplowitz vom 7. d. M. vor, mit welchem er bittet, die von dem Hamburger Bildhauer Arthur Bock geschaffene Jagdgruppe für den Stadtpark in Winterhude als Geschenk annehmen zu wollen.

Der Senat beschließt, das Geschenk anzunehmen und durch Präsidialschreiben zu danken.

Der Herr Referent wird ersucht, die Aufnahme einer entsprechenden Notiz in die hiesigen Tagesblätter zu veranlassen.

Ausfertigung an Herrn Senator Holthusen.

△ **Stiftung für den Hamburger Stadtpark.** Wiederholt ist der Wunsch laut geworden, es möge der opferwillige Sinn wohlhabender Mitbürger der künstlerischen Ausschmückung des künftigen Stadtparkes sein Augenmerk schenken. Neuerdings hat nun Dr. Troplowitz, Mitglied der Baudeputation, für den Stadtpark eine von dem hiesigen Bildhauer Arthur Bock modellierte Bronzegruppe „Jagd", Diana mit Hunden darstellend, gestiftet, eine wertvolle Schenkung, die dem Vernehmen nach vom Staate mit lebhaftem Danke entgegengenommen wurde. Das gegenwärtig bei L. Bock & Sohn ausgestellte Bildwerk wird, wie nicht zu bezweifeln, an geeigneter Stelle aufgestellt, einen hervorragenden Schmuck des Parkes bilden.

Arthur Bock,
Diana mit Hunden,
1911,
Bronze, Stadtpark Hamburg

Fritz Friedrichs,
Haus Troplowitz, Agnestr. 1,
1912 (?),
Öl auf Leinwand,
Hamburger Privatsammlung

Troplowitz' Villa
an der Fernsicht
(Außenalster)

Ex libris
von Troplowitz
mit seiner Villa
als Motiv

Fritz Friedrichs,
Landschaft (Westensee?),
1911, Öl auf Leinwand,
Hamburger Privatsammlung

Franz Nölken,
*Der Unternehmer Oscar Troplowitz,
Förderer der Kunsthalle,* 1916,
Öl auf Leinwand,
Hamburger Kunsthalle,
Vermächtnis Dr. Oscar und
Gertrud Troplowitz

Franz Nölken,
Porträt Oscar Troplowitz,
ca. 1916,
Radierung,
Hamburger Privatsammlung

Franz Nölken,
Selbstbildnis im Atelier,
1904,
Öl auf Leinwand,
Hamburger Kunsthalle

Friedrich Ahlers-Hestermann,
Selbstbildnis, 1904,
Öl auf Leinwand,
Slg. Hamburger Sparkasse

Walter Voltmer,
Hafen von Schulau, ca. 1910,
Öl auf Leinwand,
Slg. Hamburger Sparkasse

65

Friedrich Lissmann,
Kraniche, 1907,
Tempera auf Pappe,
Hamburger Kunsthalle, Vermächtnis
Dr. Oscar und Gertrud Troplowitz

Alfred Sisley,
Die Seine bei Billancourt, 1879,
Öl auf Leinwand
Hamburger Kunsthalle, Vermächtnis
Dr. Oscar und Gertrud Troplowitz

Wilhelm Trübner,
Am Starnberger See, um 1911,
Öl auf Leinwand
Hamburger Kunsthalle, Vermächtnis
Dr. Oscar und Gertrud Troplowitz

Fritz Friedrichs,
Kiesgrube bei Harburg, 1909,
Öl auf Leinwand,
Slg. Hamburger Sparkasse

70 Unbek.,
Gute Saat bringt gute Ernte, 1915,
Gips, gestiftet durch
die Beiersdorf-Mitarbeiter
zum 25jährigen Jubiläum
der Geschäftsübernahme
durch Troplowitz

GUTE·SAAT·BRINGT·GUTE·ERNTE
DR·OSCAR·TROPLOWITZ
SEINE·DANKBAREN·ARBEITER
UND·BEAMTEN
1890
1915

72 Arthur Bock,
    Oscar Troplowitz,
    nach 1918,
    Bronze, neu gestaltet
    von Jürgen Block

73

74

Todesanzeige Oscar Troplowitz 1918
von den Mitarbeitern

Todesanzeige Oscar Troplowitz 1918
von Otto Hanns Mankiewicz

Todesanzeige
Oscar Troplowitz
1918
von seiner Frau

Firmenschreiben
zum Tod
von Troplowitz
1918

Hamburg, den 28. April 1918

Wir erfüllen hiermit die traurige Pflicht, Ihnen mitzuteilen, daß der Gründer und Mitinhaber unserer Firma

Herr Dr. Oscar Troplowitz

am Sonnabend, dem 27. April, infolge eines Hirnschlages unerwartet aus dem Leben geschieden ist.

Herr Dr. Otto Hanns Mankiewicz,

der der Firma seit ihrer Begründung nahestand und seit zwölf Jahren ihr Mitinhaber war, wird in unveränderter Weise als persönlich haftender Teilhaber die Leitung des Geschäftes weiterführen, während die Ehefrau des Verstorbenen, Frau Gertrud Troplowitz, geb. Mankiewicz als Kommanditistin mit dessen bisherigen Vermögensanteil am Geschäft in der Firma verbleiben wird.

P. Beiersdorf & Co.
Chemische Fabrik

Guttaplast-Verband,
1939–40

Guttaplast-Verband,
1930–38

Guttaplast-Verband,
1930–38

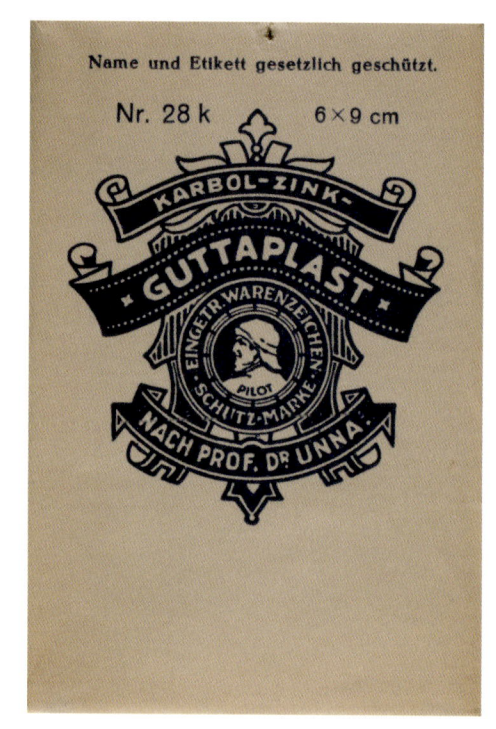

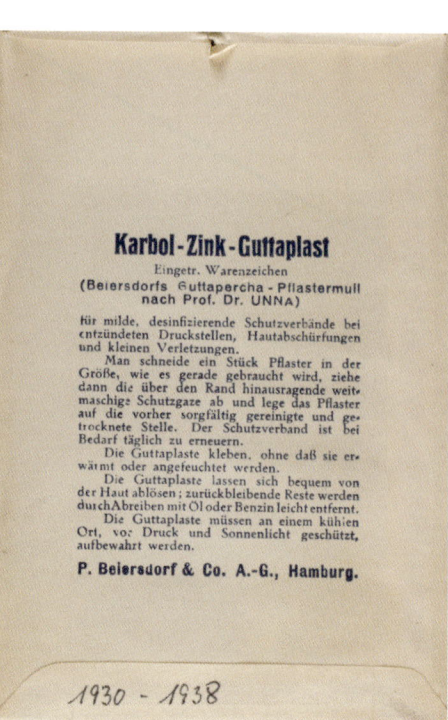

Hansaplast,
o. J.

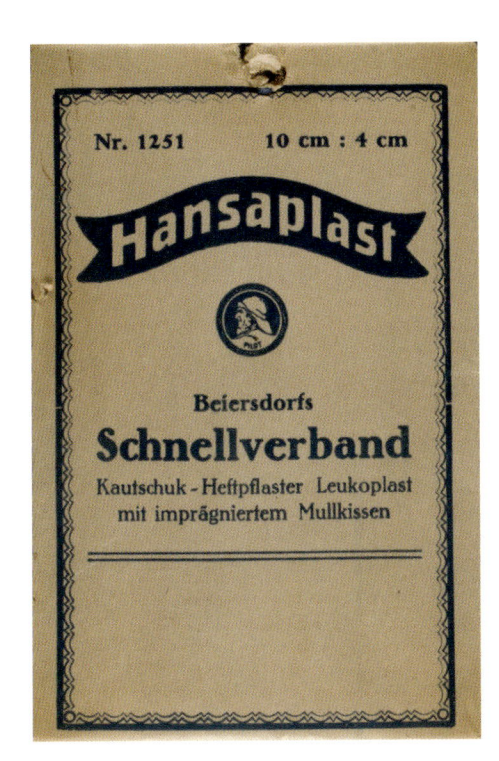

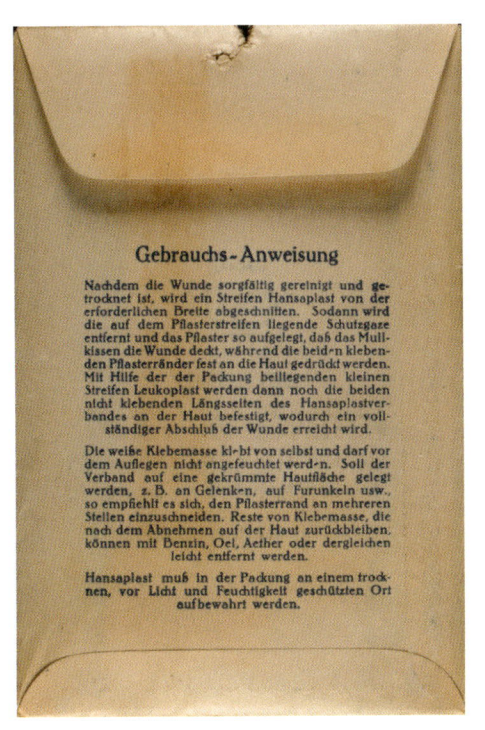

Hansaplast,
o. J.

78   Pebeco Zahnpasta,   Pebeco Mundwasser,
      1910–12   o. J.

Pebeco Zahnpulver,
1921

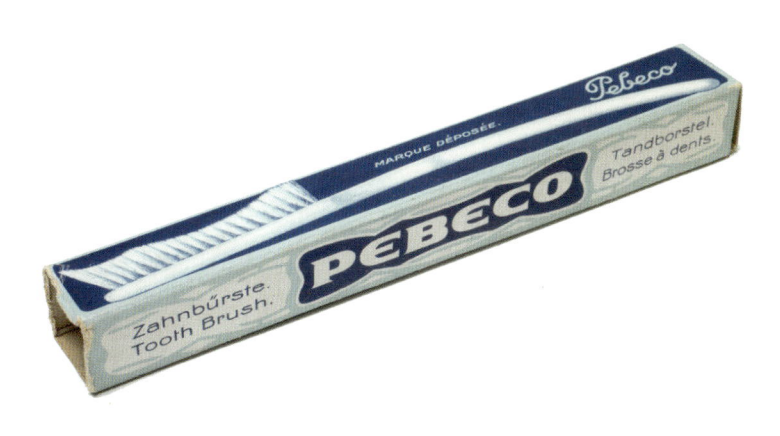

Pebeco Zahnbürste,
o. J.

80 Paraplast,
1895–1922

Karbol Quecksilber Guttaplast,
1939–43

Beiersdorf Mundwasser, o. J.

Atrix Reine Rasierseife, o. J.

Atrix Reine Rasierseife, o. J.
Atrix Enthaarungscreme, o. J.

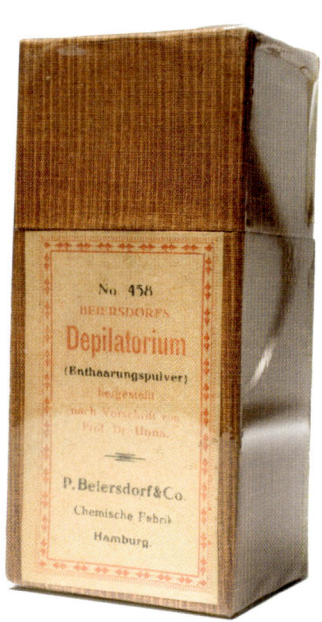

Beiersdorfs
Depilatorium,
1904–19

82 Labello, Eucerin,
1928 1922–32

Nivea Creme,
ca. 1914

Nivea Creme,
ca. 1914

Nivea Kinder-Puder,
1920

84

Nivea-Sortiment,
ab 1912/1914

Nivea Streu-Puder,
1912

Nivea Goldcreme,
1924

Nivea Creme,
1931–35

Nivea-Sortiment,
1930er Jahre

86

Nivea Teint-Puder,
1914

Nivea Kinder-Puder,
1926–36

Nivea Kinder-Puder,
1942–45

Nivea-Produkte
und Labello,
Ende 1920er Jahre

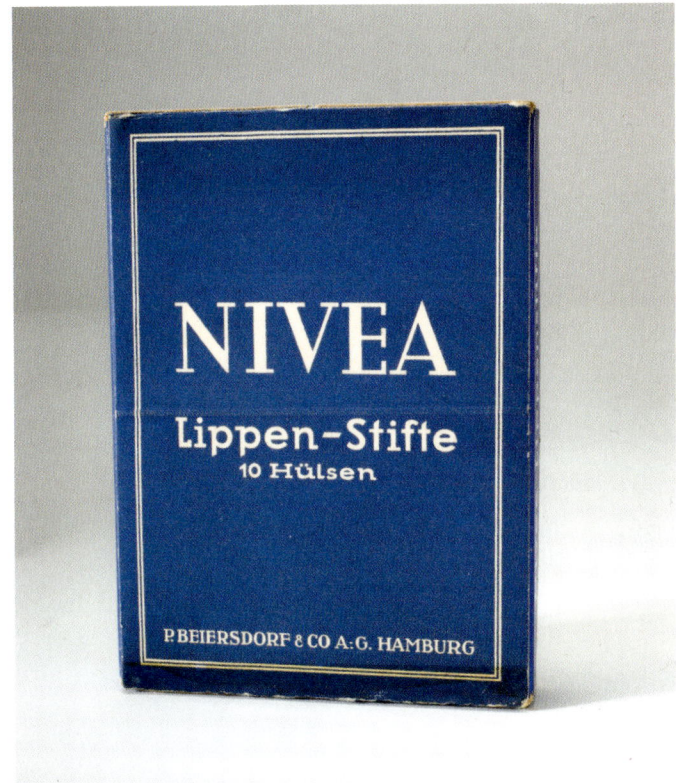

Nivea Lippen-Stifte,
1927–34

Nivea Klettenwurzel-Öl,
1937–39

Nivea Schutzcreme,
1937–40

Nivea Stangen-Brillantine,
1931–32

Nivea Öl,
1933

Nivea Nuss-Öl,
ca. 1930

Nivea
Ultra-Öl,
o. J.

89

90

Nivea Sportpuder,
1936–39

Nivea Rasier-Creme,
o. J.

Nivea Wasch
Eau de Cologne,
1936–37

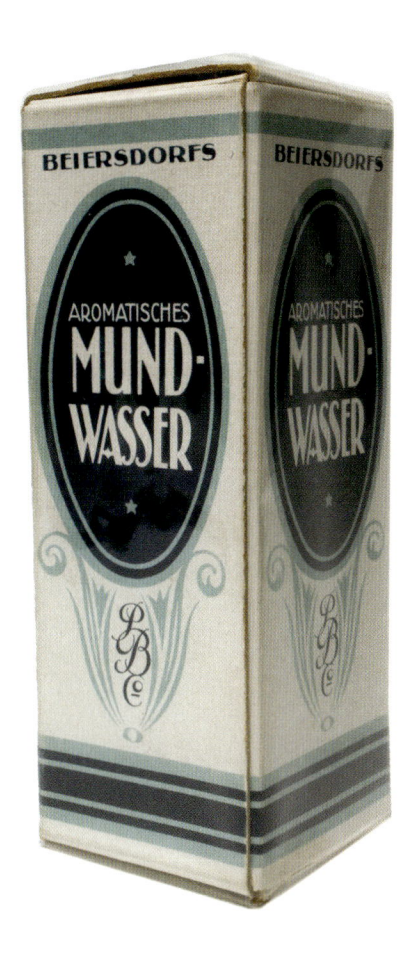

Nivea Mundwasser,
o. J.

Verzeichniss dermato-therapeutischer Präparate & Apparate

nach Dr. P. G. UNNA,
Director der Heilanstalt für Hautkranke in Hamburg,
von
P. BEIERSDORF & CO.
Apotheker.

ALTONA, Oelkersallee No. 82.

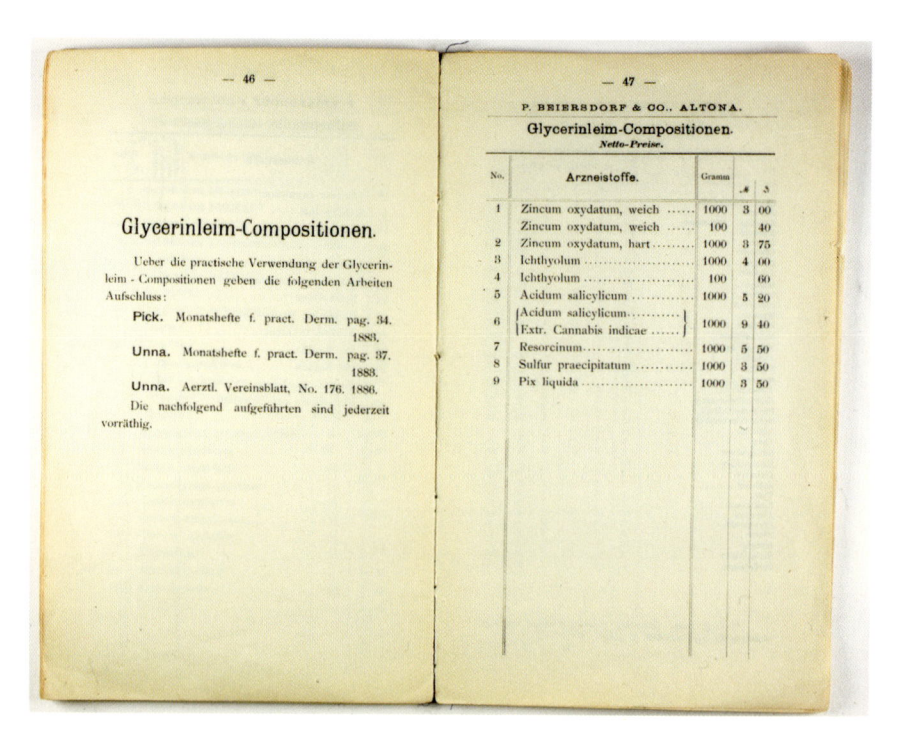

— 46 —

Glycerinleim-Compositionen.

Ueber die practische Verwendung der Glycerinleim-Compositionen geben die folgenden Arbeiten Aufschluss:

Pick. Monatshefte f. pract. Derm. pag. 34. 1883.
Unna. Monatshefte f. pract. Derm. pag. 37. 1883.
Unna. Aerztl. Vereinsblatt, No. 176. 1886.

Die nachfolgend aufgeführten sind jederzeit vorräthig.

— 47 —

P. BEIERSDORF & CO., ALTONA.

Glycerinleim-Compositionen.
Netto-Preise.

No.	Arzneistoffe.	Gramm	ℳ	₰
1	Zincum oxydatum, weich	1000	3	00
	Zincum oxydatum, weich	100		40
2	Zincum oxydatum, hart	1000	3	75
3	Ichthyolum	1000	4	00
4	Ichthyolum	100		60
5	Acidum salicylicum	1000	5	20
6	{ Acidum salicylicum / Extr. Cannabis indicae }	1000	9	40
7	Resorcinum	1000	5	50
8	Sulfur praecipitatum	1000	3	50
9	Pix liquida	1000	3	50

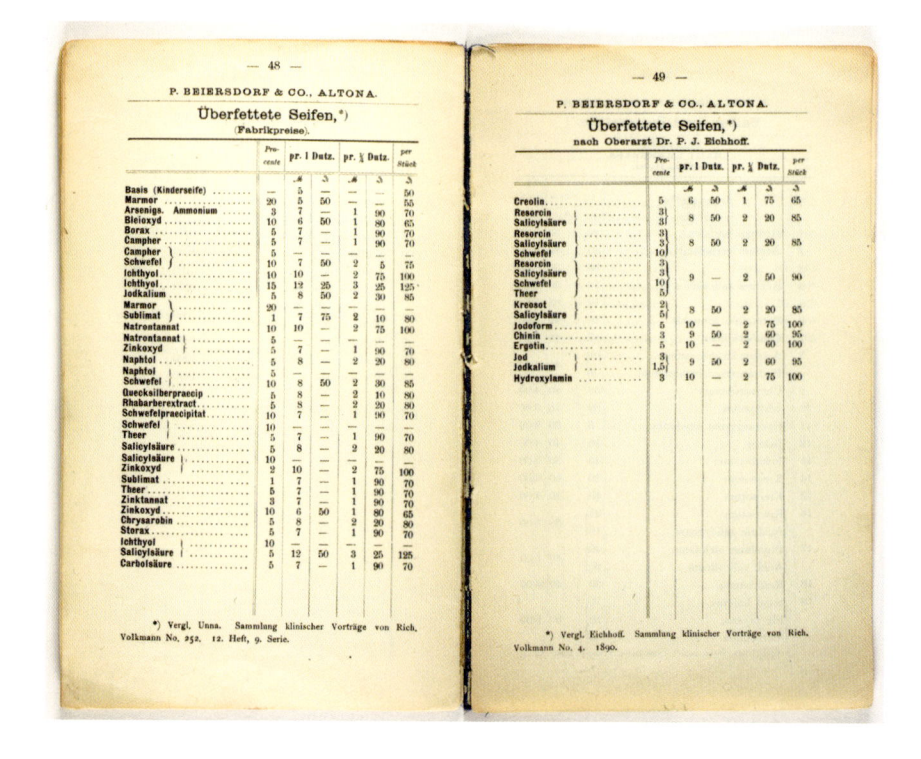

— 48 —

P. BEIERSDORF & CO., ALTONA.

Überfettete Seifen.*)
(Fabrikpreise).

	Procente	pr. 1 Dutz. ℳ ₰	pr. ½ Dutz. ℳ ₰	per Stück ₰
Basis (Kinderseife)	—	5 —	— —	50
Marmor	20	5 50	— —	55
Arsenigs. Ammonium	3	7 —	1 90	70
Bleioxyd	10	6 50	1 80	65
Borax	5	7 —	1 90	70
Campher	5	7 —	1 90	70
Campher / Schwefel	5 / 10	7 50	2 —	85
Ichthyol	10	10 —	2 75	100
Ichthyol	15	12 25	3 25	125
Jodkalium	5	8 50	2 30	85
Marmor / Sublimat	20 / 1	7 75	2 10	80
Natrontannat	10	10 —	2 75	100
Natrontannat	5	— —	— —	—
Zinkoxyd	5	7 —	1 90	70
Naphtol	5	8 —	2 20	80
Naphtol	5	— —	— —	—
Schwefel	10	8 50	2 30	85
Quecksilberpraecip	5	8 —	2 10	80
Rhabarberextract	5	8 —	2 20	80
Schwefelpraecipitat	10	7 —	1 90	70
Schwefel	10	— —	— —	—
Theer	5	7 —	1 90	70
Salicylsäure	5	8 —	2 20	80
Salicylsäure	10	— —	— —	—
Zinkoxyd	2	10 —	2 75	100
Sublimat	1	7 —	1 90	70
Theer	5	7 —	1 90	70
Zinktannat	3	7 —	1 90	70
Zinkoxyd	10	6 50	1 80	65
Chrysarobin	5	8 —	2 20	80
Storax	5	7 —	1 90	70
Ichthyol	10	— —	— —	—
Salicylsäure	5	12 50	3 25	125
Carbolsäure	5	7 —	1 90	70

*) Vergl. Unna. Sammlung klinischer Vorträge von Rich. Volkmann No. 252. 12. Heft. 9. Serie.

— 49 —

P. BEIERSDORF & CO., ALTONA.

Überfettete Seifen.*)
nach Oberarzt Dr. P. J. Eichhoff.

	Procente	pr. 1 Dutz. ℳ ₰	pr. ½ Dutz. ℳ ₰	per Stück ₰
Creolin	5	6 50	1 75	65
Resorcin / Salicylsäure	3 / 3	8 50	2 20	85
Resorcin / Salicylsäure / Schwefel	3 / 3 / 10	8 50	2 20	85
Resorcin / Salicylsäure / Schwefel / Theer	3 / 3 / 10 / 5	9 —	2 50	90
Kreosot / Salicylsäure	2 / 5	8 50	2 20	85
Jodoform	5	10 —	2 75	100
Chinin	3	9 50	2 60	95
Ergotin	5	10 —	2 60	100
Jod / Jodkalium	3 / 1,5	9 50	2 60	95
Hydroxylamin	3	10 —	2 75	100

*) Vergl. Eichhoff. Sammlung klinischer Vorträge von Rich. Volkmann No. 4. 1890.

Dänische Preisliste,
1912

Holländische Preisliste,
1914

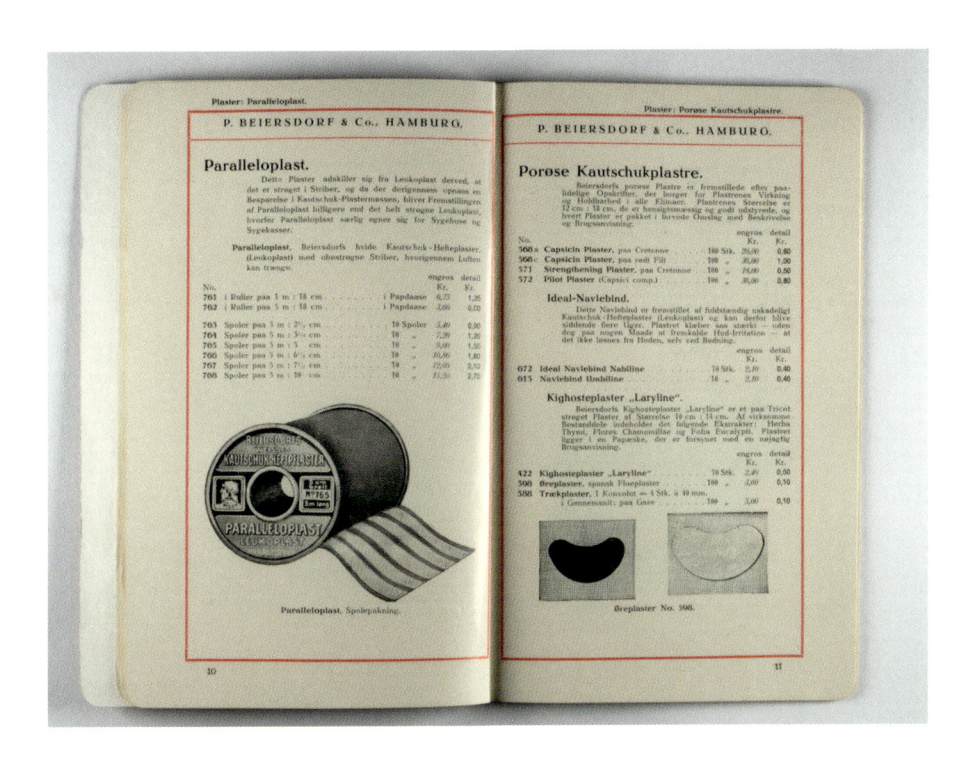

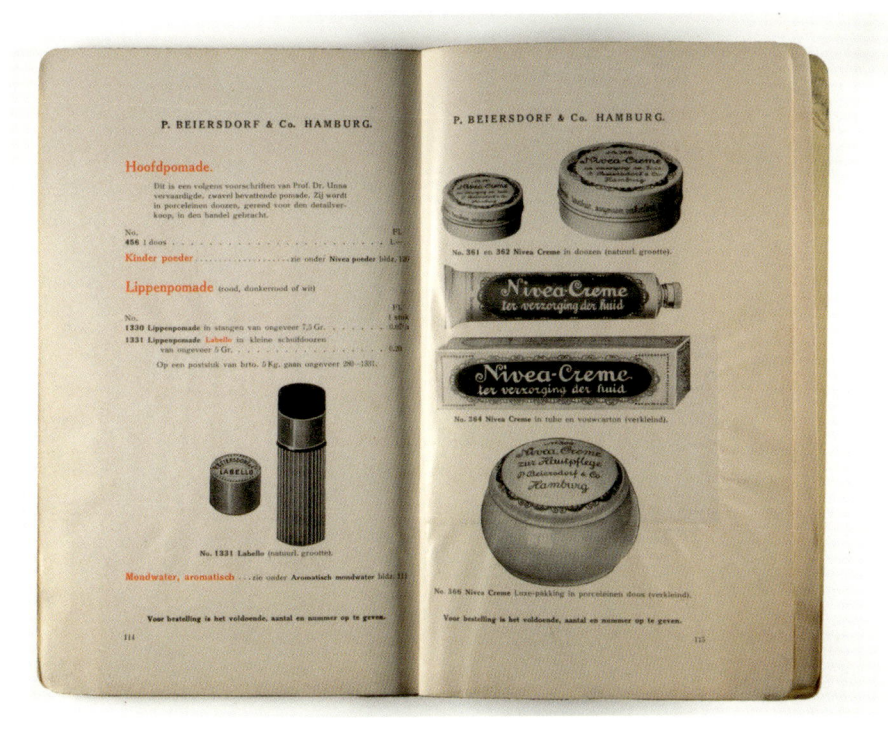

Bestellpostkarte an die Fa. Beiersdorf
aus dem Königreich Württemberg,
1882

Bestellpostkarte an die
Fa. Beiersdorf aus Singapur,
1911

Bestellpostkarte an die
Fa. Beiersdorf aus Mexiko,
1902

Bestellpostkarte an die
Fa. Beiersdorf aus Togo,
1903

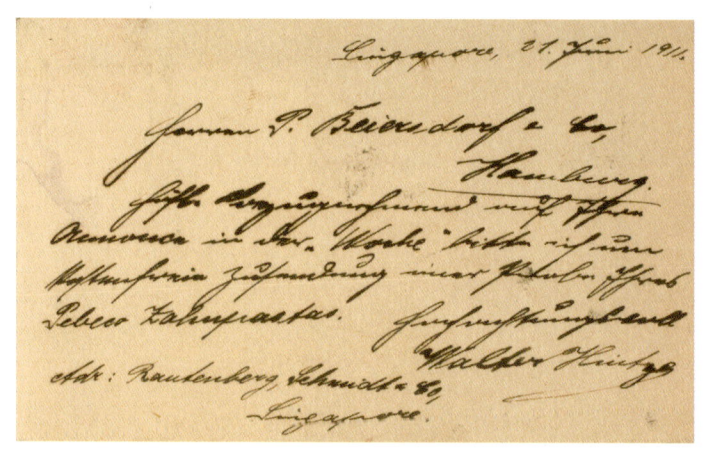

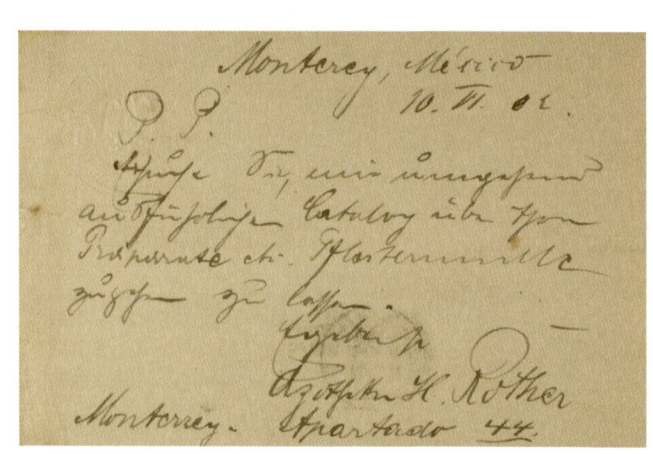

Nivea
Textanzeige, 1911

Nivea Creme Haarmilch Puder,
beidseitig bedruckter Flyer,
o. J.

Nivea Creme
Anzeige, 1920

96

Außenwerbung
auf Backsteinmauer,
Fotografie, o. J.

Omnibus in München,
Fotografie, 1913

Omnibus in München,
Fotografie, 1913

97

Nivea Puder,
Pappplakat, 1913

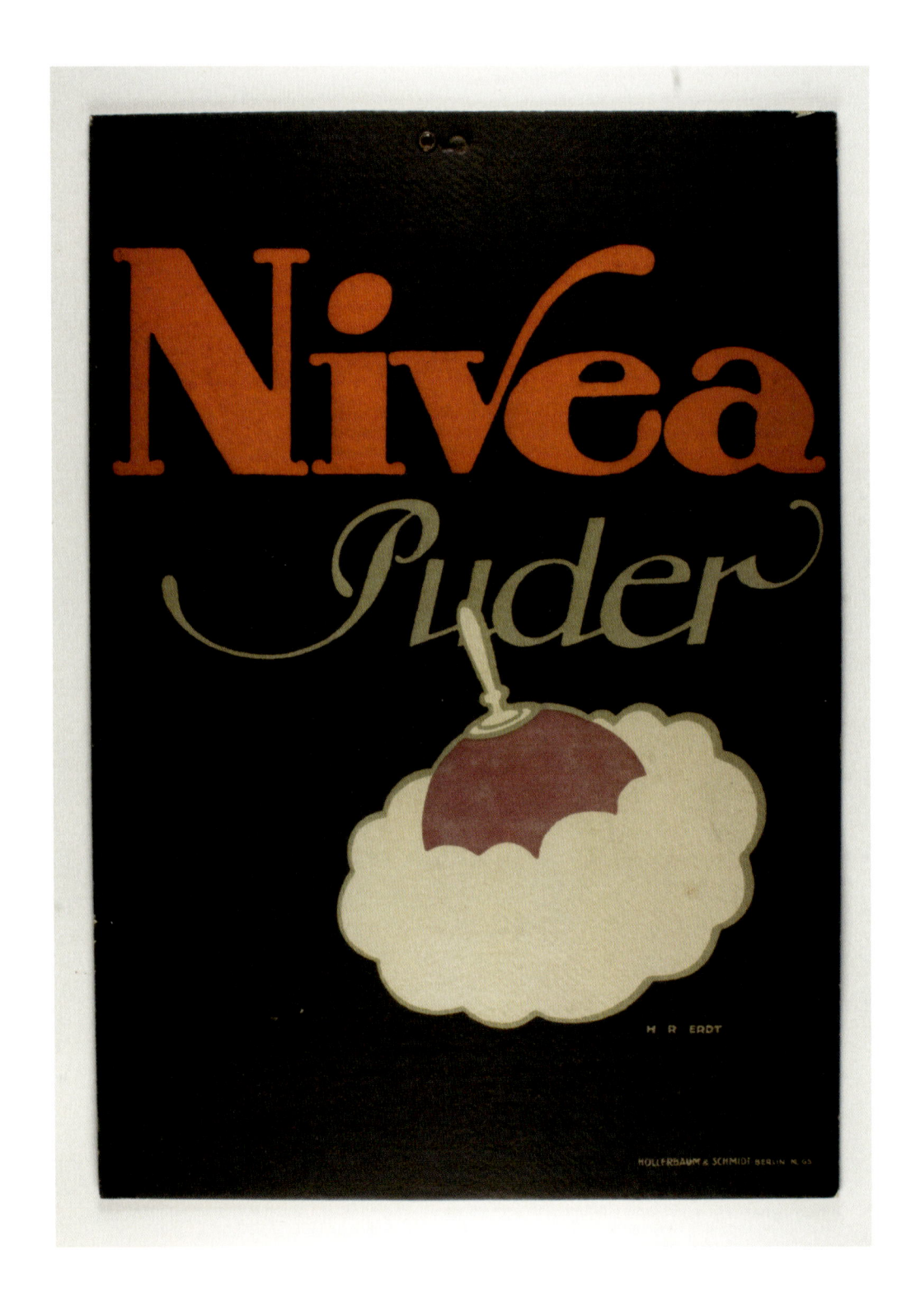

Nivea Seife Creme Puder,
Pebeco Zahnpasta,
Pappplakat, 1914

Nivea Haarmilch,
Pappplakat, 1914

Nivea Haarmilch,
Pappplakat, 1915

Nivea Haarmilch,
Pappplakat, 1914

Nivea Creme Seife
Puder Haarmilch,
Pappplakat, 1919

Pebeco Zahnpasta,
Blechschild in Tubenform,
1905

Pebeco Zahnpasta
reinigt Mund und Zähne,
Pappplakat, o. J.

Nivea Creme Puder Seife,
Emailleschild, o. J.

Nivea Creme zur Hautpflege,
Emailleschild, o. J.

Dr Oscar Troplowitz.

IMPRESSUM

Herausgegeben von Christian Walda

Gestaltung, Satz, Lithographie, Produktion:
Reschke, Steffens & Kruse, Berlin/Köln
Druck und buchbinderische Herstellung:
Druckerei Max Schmidt-Römhild KG, Lübeck

Bild- und Copyrightnachweis:

Bildrechte bei den jeweiligen Eigentümern

Fotografie Georg W. Claussen S. 11 von Ulrike Schamoni, Fotografien der Gemälde S. 61, 63, 66, 67 und 68 von Elke Walford, Fotografien der Slg. Hamburger Sparkasse durch diese, Abbildungen im Artikel S. 22–35 durch die Fa. Beiersdorf AG (Corporate & Brand History Archive, Beiersdorf AG) und
alle anderen – inklusive die Aufnahmen der Werke aus den Hamburger Privatsammlungen – durch Claudia Dannenberg, Claudia Janke und Wiebke Naggert

© 2010 Stiftung Schleswig-Holsteinische Landesmuseen Schloss Gottorf
© 2010 bei den Autoren

ISBN 978-3-00-031500-8